Titanic voraus!

Sozialismus ist Dreck, egal was irgendwelche Hosenscheißer Ihnen erzählen, und im Sozialismus ist alles weniger wert, viel weniger wert, nicht zuletzt das Leben selbst. (…) Ich hatte gerade erst begonnen, zu lernen, zu verstehen, zu sehen, was diese ganze «Aufklärung» bedeutet, ich hatte «zu krabbeln» begonnen, auf dem Pfad, den Giganten vor mir gegangen waren, und nun lassen Zwerge in Palästen den Pfad verrotten.

Dushan Wegner, 10.05.2019

(…) umgekehrt ist der Prozess aus Sicht der Political-Correctness-Bewegung. Hier steht die Wahrheit in Form der Doktrin bereits fest, weshalb sich Debatten im Grunde erübrigen. Der Debattenraum wird im Namen einer Ideologie somit erst teilprivatisiert und dann schrittweise universalisiert, bis der Privatstandard der Doktrin als einzig neuer zulässiger Meinungskorridor erscheint.

Milosz Matuschek, 29.04.2019, NZZ

It will be nice if you stop interfering in our internal business and stop funding hundreds of radical left wing NGOs in Israel that seek its destruction. Use the hundreds of millions of € you use for this to fund hospitals, schools and churches in Germany!

Yair Netanyahu, Tweet an Aussenminister Maas, 11.05.2019

Sag mir, Mellon, wann liessen wir zu, dass das Böse stärker wird als wir?

J.R.R. Tolkien, «Der Hobbit»

Karl Poppers Offene Gesellschaft hat wenig mit dem zu tun, was sich heute so nennt.[1] Vor allem dachte er sie ideologiefrei und mit begrenzter Toleranz. Das einzige, was umgesetzt wird, ist die Neuinterpretation der Demokratie als eine Staatsform, in der nicht unbedingt die Mehrheit entscheiden müsse.

Doch ist, was beispielsweise George Soros' *Open Society Foundations OSF* betreibt, nur einfach das, was getan werden muss, wenn es mit der Offenen Gesellschaft überhaupt konkret werden soll. Rechte fokussieren bei ihrer Kritik auf den Angriff der OSF auf die Demokratie der Mehrheiten, OSFler

---

[1] Karl R. Popper: Die offene Gesellschaft und ihre Feinde, Teil 1: Der Zauber Platons. Francke, 1957, Teil 2: Falsche Propheten: Hegel, Marx und die Folgen, Francke, 1958

jedoch auf die Verbreiterung der Zivilgesellschaft. In der Umsetzung dieses Anliegens entsteht die Smenokratie, über die weiter unten eingehender nachgedacht wird.[2]

Doch was ist Offene Gesellschaft, auf den Punkt gebracht? Man kann sie rein philosophisch-programmatisch beschreiben, dann ist Popper immer noch die beste Referenz. Oder man beschreibt sie gleichsam von der Aktion her, die zu ihren Gunsten zu entfalten ist, dann sind beispielsweise die OSF eine bessere Referenz.

Wir nun beschreiben jene Realität und jene Konzepte, welche die Verfechter der Offenen Gesellschaft benutzen, verändern und hinterlassen, sehen das Projekt somit pragmatisch und unverstellt von aussen. Dabei zeigt es sich, wie folgerichtig, Jahrzehnte lang vorbereitet, und wie gefährlich sie in Wirklichkeit für die Kultur ist.

Doch beginnen wir anders. Es gibt verdienstvollerweise einige ausgezeichnete Geschichtsdarstellungen im Filmformat, wie beispielsweise eine TV-Serie über den Ersten Weltkrieg. Sie ist bemerkenswert wahrhaftig für das zeitgenössische Erzeugnis eines Publizitätsmediums. Wer sich die Abfolge dieser filmischen Nacherzählung der Geschichte des Weltkriegs anschaut und dann bedenkt, in welchem Zustand sich unsere

---

[2] Siehe auch: Fröhlich, A.W., Smenokratie, BoD, 2018, sowie: Imperium Humanum, BoD, 2018

heutige Welt und Politik befinden, namentlich in Deutschland, aber auch in Frankreich und England, der wird, wenn er ehrlich ist, aus dem Staunen nicht mehr herauskommen.

Lediglich Hundert Jahre nach diesem Riesenkampf grosser Völker, dieser kollektiven Höchstleistung und geradezu abnormen Disziplin, dieser Bedeutsamkeit, wohin man auch blickt, dieser welthistorischen Grösse, die aus jener gefilmten Welt auf uns einwirken - was uns alles so fremd geworden ist, als berichte man über die Bewohner eines fernen Exoplaneten -, dreht sich heute die ganze Welt um Sexuelles, um die Vielgeschlechtlichkeit des Seins, um eine Islamisierung Europas, ja der USA, um die Aufnahme von Millionen Schwarzafrikanern und Arabern, von Afghanen und Pakistani mitten im Herzen des Westens als den Nachfolgern der Schwaben und Sachsen, der Schotten und Schweden. Alles handelt heute von einer Negierung der Verwurzelung, von der Negierung der eigenen Kultur, als habe es nie jenes alte, grossartige Europa gegeben, das 1914 in den Krieg zog um die Wurzeln zu verteidigen, die nun mit Motorsäge und Bagger extrahiert werden, als habe irgend ein Dämon es befohlen. Eine solche Kluft wie die zwischen damals und heute, hat es historisch noch nie gegeben.

Wie war, wie ist das möglich? Man wagt gar nicht daran zu denken, wäre es jenen Soldaten und ihren Witwen möglich, durch ein Fernrohr in unsere Zeit zu blicken, wie sie selber darüber urteilen würden. Sicherlich würden sie erst einmal nichts davon glauben, und insistierten wir, dass genau dies geschehe, hielten sie uns für verrückt, für Verbrecher, für zutiefst seelisch und geistig Zerbrochene. Worauf wir sie dann reflexartig hinweisen möchten, auf den langen Frieden beispielsweise, auf den allgemeinen Wohlstand und auf die mehr als nur politische Gleichheit etwa, darauf würden sie lediglich spucken, als auf etwas, das abseits jeder Ehre und Tugend steht. Sie hielten uns, jeden Einzelnen von uns, egal von welcher politischen Ausrichtung, für ehrlosen Abschaum.

Eine übermächtige Scham hat sich längst unserer Seelen bemächtigt und treibt uns, weil wir sie keine Sekunde lang aushalten, in geradezu tobende Extroversionen, damit wir uns der Schande nicht stellen müssen. All die Leitartikler, die Redaktoren, die Politiker und Intellektuellen unserer Zeit entdecken wir als infantiles Personal, sobald wir genauer hinschauen.

Wir tun es möglichst selten. Der Anblick und die Einsicht wären viel zu schmerzhaft. Im freien Fall konsumieren wir, fressen wir, saufen wir, kopulieren wir. Die Schwerkraft ist kaum noch zu spüren, solange wir nach unten fliegen. Im Gegenteil, es sieht nach Auftrieb aus. Und es sind alles Lügen! Die Medien lügen, doch sie sind damit nicht mehr allein. Die Welt wurde zu einer einzigen, unüberwindlichen Lüge. Die Lüge ward Geschichte, wie Orwell prophezeite.

Doch stimmt das? Gibt es nicht auch eine ganz andere Sicht? Eine Welthoffnung, an deren Umsetzung mit Macht gearbeitet wird? Die gibt es. Noch ist die Lage aber undeutlich, und was heute betrieben wird, ist «Weltpolitismus». Was auch immer das sei. Ich gehe hier auf Spurensuche, kritisiere und hebe hervor, unterlege mit Modellen und Erklärungsansätzen, wie sie sich mir in den letzten vierzig Jahren immer mehr aufgedrängt haben.

Ich habe in meinen Büchlein *Smenokratie* und *Endspiel in Theben* und in *Imperium Humanum* vieles, was in diesem Buch hier erneut zur Sprache gelangt, schon einmal dargestellt. Doch, wie mir heute scheint, noch nicht ganz so, dass es auf den Punkt gebracht ist. Es sei also noch einmal - ich hoffe, ein letztes Mal – versucht! Welches Stück wird im Welttheater unserer Epoche eigentlich wirklich gespielt?

Menschenrecht, Shoa, Narzissmus, Geldlust, Menschenmarkt, Neomarxismus, Smenokratie, Prinzipat, Egotheismus, Sexualrache, Reichstrunkenheit und Sofortismus kämpfen in unserer Epoche um die Podestplätze. Das Aufflackern des Republikanismus schürt hier und dort Hoffnung, wo am Ende keine mehr ist.

Im Verlauf dieser Untersuchung werden wir die Feststellung machen, dass Hitler die letzte Hürde war, die genommen werden musste, damit endlich heranreifen konnte, was wir heute nun vollenden: die Abschaffung unserer Herkunft, die Abschaffung von uns selbst als Alteuropäer und Altamerikaner.

Und, es muss gesehen werden: Ein uralter Hass hat sich ausgebreitet, der über Jahrtausende hinweg aus Europa verschwunden schien, der Hass auf das Eigene, das Geschaffene, das Hergestellte, die Leistung. Der Hass derer, die zurückblieben, als die anderen auszogen in die Weite der Zukunft, um etwas «hervorzubringen» und «bestehen» zu lassen. Ein Hass, dessen vorsprachliche Argumente Vergewaltigung und Mord sind. Ihm gegenüber üben wir heute eine seltsame, morbide, todessüchtige Nachsicht.

Zivilisation kann nämlich, so stellen wir fest, durch ein Programmchen unaufhaltsam vernichtet werden:

Before intentional action(x): Loss of energy (increase of frustration or resistence), if performed? If yes, don't execute. Else: Check again.

Wenn wir x einen bestimmten Wert annehmen lassen, z.B.: x=patriotic, oder x=unpatriotic, kann die Zivilisation aber auch in eine bestimmte Richtung pervertiert werden, ohne dass man sie ganz abschaffte.

In der Tat reicht es, einen derart einfachen Eingriff vorzunehmen, um die Kontrolle über die ganze Welt zu übernehmen. Selbst Hilfe dagegen ruft diesen Algorithmus auf und verschlimmert die Lage.

In ihm ist übrigens auch die relevante Psychologie enthalten. Man kann den Algorithmus etwas despektierlich das *Neuroseprogramm für Androiden* nennen, welches sie endgültig zu Hominiden stempelt. Wer genügend lange darüber nachdenkt und weiss, wovon hier die Rede ist, wird es leider bestätigen müssen. *So einfach ist es wirklich.* Dass unsere Zeit nicht mehr in der Lage ist, derartige Dinge aufzudecken, belegt, dass der Zenit unserer Intelligenz überschritten ist, dass wir nun – und das seit einigen Jahrzehnten schon - dümmer und dümmer werden.

Wie passt das zur Vision, die heute ja ebenfalls am Werk ist? Die Dinge sind im Umbruch. Es lässt sich noch nichts Gewisses sagen. Und doch lässt sich überraschend Vieles sagen.

Wir können uns heute besser vorstellen, wie es seinerzeit zu den Nazis hatte kommen können. Eine rasante, in ihrem Anspruch und der Dreistigkeit, mit der sie vorangetrieben wurde, verrückte Veränderung - eine Revolution - durch eine über jedes historische Mass hinaus selbstbewusste, blasierte und im Grunde aggressive Avantgarde führte zu den «Goldenen Zwanzigern».

Die Gesellschaft wurde explosionsartig auseinandergetrieben in das Lager der Hedonisten, die wir kulturell heute so unendlich hoch einschätzen - Intellektuelle, Künstler, Steinreiche, Kriegsgewinnler, Antitraditionalisten, «Juden», Legionen von Profiteuren, Glücksrittern und Gesellschaftshuren -, und in jenes der Tugendbolde - Traditionalisten, Konservative, Aristokraten, Bauern, Mittelständler und Exmilitärs. Letztere hatten den Krieg verloren, die Deutungshoheit und das Recht, auf defiziente Moral hinweisen zu dürfen.

Die Veränderung kam in ihrer Radikalität überraschend und war nicht demokratisch legitimiert. Sie war ein reines Diktat. Es hatte dazu nie einen öffentlichen Meinungsbildungsprozess gegeben. Dagegen erhob sich die Reaktion, die schon bald ebenso ins Extreme ging wie die Welt, die sie bekämpfte. Sie wollte wiederherstellen, was zerstört wurde, schoss dabei übers Ziel hinaus und lieferte gleich noch eine theoretische Generalerklärung für die laufende Umwälzung nach, den angeblichen Plan einer jüdischen Weltverschwörung.

Wir vermögen das heute zu erkennen, weil wir gerade ein Remake davon erleben. Seit rund fünf Jahren ist eine vergleichbare Veränderung im Gang. Diesmal betrifft sie den gesamten, nördlichen Okzident, als habe er einen Universalkrieg verloren, und als ginge es jetzt um radikale Neuausrichtung.

Doch hat es für diese Umwälzung, die das Spektrum zwischen Ethos, Moral, Gesellschaftswissenschaft, Geisteswissenschaft, Sprachwissenschaft, Emanzipation und Feminismus betrifft, ebenso wenig eine demokratisch-öffentliche Debatte gegeben, wie seinerzeit in den Zwanzigern.

Vielmehr treten die Phänomene auch bei dieser Revolution unvermittelt auf und werden mit unnatürlicher Eile, werden im Laufschritt miteinander vernetzt, als befürchte man den Verlust des Momentums durch das Eintreten von Widerstand. Sie wirken als Diktat, dessen demokratische Legitimation *post hoc* eingeklagt wird, indem man sich der neomarxistisch-dialektischen Kritik bedient, und - hier wird es spannend – als das Ergebnis einer in dieser Dimension im Okzident seit den fast zweitausend Jahre zurückliegenden Anfängen der Christianisierung der grossen, alten Welt der Hellenen und Romanen nie mehr gesehenen Kausalumkehr bereits *bei und in der Wahrnehmung* der Welt.

An dieser Stelle kommt der *Narzissmus* ins Spiel, die wohl stärkste, intrapsychische Triebkraft in diesem neuen Jahrhundert. Um ihn und seinen Beitrag zu verstehen, müssen wir uns eines vereinfachenden Bildes bedienen.

Eine Psyche, deren Selbstkonstrukt schlecht abgegrenzt ist, das diffus wirkt und daher inflationär ins Grosse tendiert - stets unbewusst bleibend -, entspricht bildhaft einem Individuum, dessen Leib so gross ist, dass die Anderen wie materielle Einschlüsse in ihm drinstecken. Dieser Leib wird jede Bewegung dieser Einschlüsse als schmerzhaft, gewalttätig, anmassend und offensiv auffassen, ohne die Möglichkeit, die Situation von aussen betrachten zu können oder gar zu wollen.

Ein Ich mit einem solchen Selbst-Leib wird sich nicht selbst als aggressiv, als übergriffig und expansiv erfahren. Aber jeder noch so geringe Ausdruck von Autonomie des *Anderen* wird ihm als ein Ausdruck unmässiger Aggression und grenzenloser Anmassung erscheinen.

Damit erlebt das übergrosse, inflationäre Selbst sich nur immer wieder selbst als der Andere, jedoch lediglich projektiv. Die eigene Aggression, die eigene Arroganz, den eigenen Übergriff ordnet es systematisch dem Anderen zu, der sich in Wahrheit aber dagegen wehrt, als ein blosser «Einschluss», und damit als ein Eindringling, behandelt zu werden.

Das narzisstisch aufgeblähte Selbst nimmt sich in seinen Negativa spiegelbildlich im Anderen wahr und bekämpft den Anderen, der sich wehrt, als einen Aggressor, anstatt dass dieses Selbst lernt, sich selbst zu deflationieren, abzugrenzen und auf normale Dimensionen zu verpflichten, um dann zu erfahren, dass der Andere im Grunde harmlos ist und bloss seingelassen werden will.

Das Ganze ist «ich-synton», was bedeutet, dass der Narzisst nicht merkt, was er tut und verursacht. Er ist mit sich selbst deckungsgleich. Er erfährt sich nicht als das Problem, im Gegenteil erlebt er sich als umgeben von Aggressoren, Arroganten, und - eine seiner Lieblingseinschätzungen -, als umzingelt von lauter «Arschlöchern». Alles «Recht» sieht er bei sich selbst.

Der Andere verteidigt sich nur. Würde er wirklich in die Aggression gehen, sähe der Narzisst keine andere Möglichkeit mehr, als in eine Kampfparanoia einzutreten mit dem Ziel, den Anderen auszulöschen. Wenn jemand einem Narzissten gegenüber seine Autonomie verteidigt und seine Rechte wahrnimmt, erscheint er ihm als Aggressor, als überheblich, böswillig und verblendet. Der Narzisst nimmt so, für ihn selbst nicht einsehbar, lediglich sich selbst wahr und attackiert sich selbst, indem er den anderen attackiert. Die gespiegelte «Selbsteinsicht» des Narzissten ist umso grösser, je *weniger* der Andere sich «bewegt», dann nämlich erkennt der Narzisst seine innere Leere, sein Nichts, aber auch, je *mehr* der Andere sich «bewegt», dann erfährt er seine eigene Anmassung und bestraft sie, indem er den Anderen bestraft.

Alle Narzissten sind gerechtigkeitsfanatisch, was unmittelbar einsichtig ist. Das Unrecht, dessen Zeuge sie werden, sind sie selbst, und je stärker es hervortritt, umso verbissener bekämpfen sie es. Es sind Spiegelfechter. Darum sind sie auch unempathisch, weil in ihrem Universum, ausser ihnen selbst, kein anderer als ein Anderer existiert. Sie haben immer nur eine Beziehung zu sich selbst, eine in sich gebrochene.

Narzissten erkennt man spätestens dann, dass sie alle anderen als solche sehen, sobald man ihnen ernsthaft widerspricht. Ihr Auftreten spaltet die Welt in zwei spiegelbildliche Lager. Sie können ungeniert auf den Anderen zeigen und ihn als Narzissten brandmarken, bloss weil er sich wehrt. Er sei dann «überheblich».

Narzissten können Ursache und Wirkung nicht festmachen, ausser so, dass Kausalität in ihrer Welt gerade verkehrt herum funktioniert. Sie sind nicht in der Lage, sich selbst und den Anderen von aussen zu betrachten und die Welt als unabhängigen Untersuchungsgegenstand zu sehen. Daher ist ihre grösste Furcht, dass man sie von aussen betrachtet und mit anderen Akteuren vergleicht. Sie hassen nichts so sehr wie den Vergleich. Denn unbewusst wissen sie um den Befund.

Sie werden ihrer Umgebung als Erstes verbieten, sie mit anderen vergleichen zu wollen. Sie halten sich für unvergleichlich, aber nicht aus eingebildeter Grösse, wie man ihnen unterstellt, sondern aus dem Gegenteil, aus dem Nichts, das sie in Wirklichkeit sind. Sie spüren, dass sie nur überleben können, wenn sie an sich selbst nichts ändern müssen, und das geht nur, wenn man sie aus allem heraushält, mit nichts und niemandem vergleicht.

Mit anderen Worten: Narzissten sind Tyrannen und Diktatoren, sie sind fundamental ungerecht. Sie sind gefährlich für ihre Umgebung, oft sind sie Querulanten, viele von ihnen sind prozesssüchtig, und alle sind sie streitsüchtig und gleichzeitig triefend vor Sentimentalität, da alle ihre Gefühle gespiegelte und in sich gebrochene sind, den Zucker des Selbstmitleids enthaltend, nur sich selbst meinend, den Anderen und seine Intervention ausschliessend. Ihre Empathie tendiert gegen Null, wie das Bild, das wir von ihnen zeichnen, ahnen lässt. Sie sind oft kitschig und pathetisch. Nicht selten wirken sie charismatisch, verführerisch, aus dem einen Grund, durch Attraktivität zu verhindern, dass ihre Umgebung autonom wird, es würde sie unmittelbar schmerzen. Nicht weil sie dadurch kleiner würden, sondern weil sich diese fremde Autonomie quasi in ihrem eigenen Fleisch manifestierte, wie ein darin steckendes und unablässig umgewendetes Messerblatt.

Wie man sieht, ist der Narzissmus trickreich. Denn er überträgt sich leicht. Gerade heute, wo man dem «Weissen» seine «Suprematie» wegnehmen will, versagt man ihm seinen Narzissmus, den er entwickelt, weil ein noch stärkerer Narzisst ihn angreift, indem ihm dieser seine Leistung abspricht. *Daher sehe man genau hin: Beruht ein Narzissmus auf Leistung oder nicht?* Beruht er auf Leistung, auf individueller oder kollektiver, der sich das Individuum unterwirft, ist er ein bloss sekundärer, im Grund ist er adäquat, solange er nicht übertreibt. Beruht er hingegen nicht auf Leistung, sondern darauf, anderen diese absprechen und wegzunehmen, dann ist er primär, ist er gleichsam echt, und meistens ist er dann auch pathologisch.

Damit dieses Absprechen und Wegnehmen von den Ausgeglichenen toleriert werden kann und nicht sogleich abgestossen wird, erfindet der primäre Narzisst ein Erklärungssystem, worin nachgewiesen wird, dass die Leistung, die der Andere als die seine ausgibt, und die es offensichtlich – empirisch und logisch – auch ist, allen gehöre. Dass sie Diebstahl sei. Dieser Dreh erhebt die projektive Abwehr im narzisstischen Wahrnehmen in den Rang einer objektiven Welterklärung und stellt sie der Logik und der Empirie zur Seite. *Sobald dies öffentlich geschehen ist, fängt die Gesellschaft an zu zerfallen. Dagegen wehrt sie sich und wird erst recht produktiv, aber auch reaktionär.* Der langsame Zerfall führt also zuerst zu einer Blütezeit, danach aber in den Entscheidungskampf, weil dem narzisstischen Welterklärungsmodell keinerlei Korrektiv innewohnt. Die Maschine läuft und läuft und läuft. Wer sich nicht wehrt, geht unter.

Schliesslich beobachtet man das psychologisch bedeutsame Konversionssyndrom, auch Stockholm-Syndrom genannt. Eine bereits stark zerrüttete, verlorene Gesellschaft wird sich proaktiv auf die Seite der projektiven Abwehr stellen und anfangen, sich selbst zu verleugnen, sich selbst abzubauen, sich selbst zu verschenken, bloss um die Kontrolle über den eigenen Untergang zu behalten, die sonst an den Grossnarzissten geht, der hinter der Entwicklung steckt. Man nennt ihn Teufel, Gott oder den Weltprozess, was alles letztlich das Gleiche ist. Wer dieser Konversion anheimfällt, beginnt, sein Hab und Gut zu teilen, seine Herkunft und Wurzeln zu leugnen, zu verspotten oder zu verhökern, sie wegzuwerfen an allerlei Gegenteiliges, ja Nichtsnutziges. Doch er behält so das Kommando. Nur darauf kommt es ihm an. Indem viele dies tun, entsteht wiederum ein neues Feld für narzisstische Gratifikation. Man wird für seinen Wegwurf bewundert, belohnt, ausgezeichnet, und man wird nachgeahmt. Zerfall lohnt sich. Und was zerfällt, war es nicht wert, erhalten zu bleiben.

Das ist der Pakt mit dem Teufel. Es ist unsere Eitelkeit, die siegt. Diese Form des Herostratismus ist modern, sie wurde zur weltweit bestimmenden, kulturellen Kraft, im Zwanzigsten Jahrhundert, *nach dem Fall* des Faschismus. Der Faschismus wehrte sich dagegen, in die Konversion zu investieren, er *reagierte*. Doch er unterlag. Letztlich, weil er erkannte, dass der Gegner nur durch unvorstellbare Morde geschlagen werden könne, diese wiederum erregten den Gegner bis ins Maximale. Und da zeigte es sich, dass es auf dieser Welt viel mehr Menschen gibt, die entweder primär narzisstisch empfinden oder aus Liebe zur Selbstkontrolle sich der Konversion verschreiben, als man denkt.

Hier nun drängt sich uns das Phänomen des «Marxismus» auf. Eine Denkweise, die eine Erklärung für die Totalität liefern will, die nicht allein der Betrachtung dient, sondern als ein

Werkzeug verstanden wissen will, die Welt der Anderen zu
verändern, ohne dass diese Anderen die geringste Chance haben sollen, dagegen zu halten - weil sie in diesem Werkzeug
bereits miterklärt und damit entwertet sind -, ist eine ebenfalls
zutiefst narzisstische.

Eine jede Totalerklärung steht in der Not dessen, der eine
Teilerklärung für das Ganze entwickeln muss. Momentan ist
es das Problem der Kosmologie, dass sie eine Erklärung für
das Universum finden muss, welche es nicht übertreffen darf,
wohl aber ganz enthalten muss. Das ist ein Widerspruch. Solcher Widerspruch hatte Hegel dienstbar gemacht im Kalkül
seiner Dialektik.

Doch Hegel wollte damit ein Instrument erschaffen, um
die Welt zu erklären, nicht, um sie zu verändern. Hätte er Letzteres versucht, müsste er dazu zwangsweise eine bereits ge-
fasste Partikularansicht für der Totalerklärung vorrangig deklariert haben. Er hätte somit die Welt nur insofern beschrie-
ben, als er sie gerade nicht beschrieb, sondern als Grund jener
Partikularmeinung voraussetzte.

Dieser Falle ist Hegel mehr oder weniger entgangen, nicht
jedoch Marx. Seine Partikularmeinung bestand darin, dass er
die Welt für im *trivialen, materiellen Sinne ungerecht* hielt. Er nahm
daher die Totalerklärung, die ihm in der Dialektik zu Gebot
stand, nicht als eine Beschreibung der Welt «an und für sich»,
also nicht als etwas Abschliessendes, Beschauliches, sondern

lediglich als ein Tool, um jener tiefempfundenen, vordialektischen Ungerechtigkeit Abhilfe verschaffen zu können.

Übertragen auf die moderne Kosmologie würde diesem Ansinnen eine Physik entsprechen, die eine dialektische Totalerklärung des Universums nicht als eine Beschreibung «an und für sich» anstrebt, sondern zum Zweck, dieses so erfasste Universum entlang der trivialen, materiellen Partikularmeinung der Physiker zu beeinflussen, damit es sich verändere. Daran wird deutlich, welch grössenwahnsinniger Anspruch dahintersteckte, wollte die Physik derartige Ziele verfolgen.

Das Gleiche tat nun Marx in Bezug auf den gesellschaftlichen Prozess, der bei ihm den Hegelschen Weltprozess ablöst. Das Narzisstische am ganzen Unterfangen liegt darin, dass hier ein Einzelner - stellvertretend für alle Einzelnen - die Gesellschaft nicht nur verändern möchte, sondern ihr keine Chance lassen will, sich dagegen zu wehren. Gegenwehr ist hier bereits erklärt und gilt als *prae hoc* überwunden. Der Narzisst bleibt «unter sich», sein Versuch, die Welt Aller zu verändern, bleibt sein eigener, einsamer, totalitärer Versuch. Den Anderen sind dabei lediglich Statistenrollen zugedacht.

Die Terminologie des Marxismus reflektiert diesen Sachverhalt. Die Gegenposition ist ihm «reaktionär», womit nicht etwa ausgesagt werden soll, dass sie - wie man heute glaubt - politisch im platten Sinne «rechts» sei, sondern dass sie vielmehr kastriert, entwertet und abhängig ist. Ursprünglichkeit kommt allein dem zu, was in dieser Terminologie «revolutionär» (oder fortschrittlich) heisst. Marx hat ein System entwickelt, das allen Mitspielern das Eigenleben nimmt, ausser ihm selbst, dem «Revolutionär».

Indem nun Andere in seine Rolle schlüpfen und «revolutionär» werden, erlangen sie Ursprünglichkeit und Potenz, andernfalls sind sie degradiert zu Abhängigkeiten, Teilchen im Getriebe, verurteilt zur Unfruchtbarkeit.

Das Narzisstische an diesem Weltentwurf liegt auf der Hand. Er unterlegt dem narzisstisch aufgeblähten Leib des Selbst eine philosophische Begründung, die sich gewaschen hat. Der «Revolutionär» ist der Narzisst, dessen Leib die Gesellschaft insgesamt umschliesst. Indem er nun handelt, begegnet er der scheinbaren Gewalttätigkeit aller Anderen, die in diesem seinem Leib stecken wie die Messer im Fleisch. Sobald er «revolutionär» handelt, schreien die Anderen auf, und sie empfinden dann jenen Schmerz, den der Narzisst ihretwegen andauernd aushalten muss, und von dessen Existenz sie nichts ahnen.

Die Anderen, aufschreiend und protestierend, verteidigen sich in den Augen des «Revolutionärs» also nicht etwa gegen eine Anmassung, welche die meine wäre, sondern, weil sie fürchten, ihrer «Privilegien» verlustig zu gehen, in ihrem Unrecht aufgedeckt zu werden: *von mir.* Ich bin der Umstürzler, der «Revolutionär», der Festgefahrenes, Verkrustetes, Angemasstes auffliegen lässt. Wen ich als «Reaktionär» bezeichne, halte ich für die Ursache, gegen die ich «revolutionierend» auftrete. Sein Protest gegen meine «revolutionäre Tat» beweist mir nur, wie recht ich doch eigentlich habe.

Indem ich im zweiten Schritt gegen die «Reaktionäre» Front mache und ihre Welt auszumerzen trachte, empfinde ich mich nun selbst als Wirkung, als Korrekturfaktor, nicht als Täter und Aggressor, die ich in Wahrheit bin. Bei diesem Ganzen Hin und Her kommt mir nie zu Bewusstsein, dass ich es bin, der als Aggressor auftritt, dass ich es bin, der seinen Leib allen andern übergestülpt hat, der das Gegenüber kastriert hat, lange bevor es sich regen konnte.

« There is no Anti-Christianity in the US. No one is shooting up churches solely b/c they're Christian. No one is burning Churches down because they're Christian. The spike in terrorism in our places of worship is due to the increase in White Supremacist activity.»[3] In diesem Statement wird geballt wiedergegeben, was uns die «revolutionäre» Wahrnehmung meldet, deren Struktur narzisstisch ist. Sie meldet, dass der Terrorismus gegen Christen, der in letzter Zeit offen zutage trat (Hunderte von geschändeten und verbrannten Kirchen in Frankreich, Grossattentate wie in Sri Lanka 2019, etc.) ein Akt der Wehrhaftigkeit gegen die wahre Anmassung sei, die

---

[3] Queen of Sheeba, Tweet, 28.04.2019

«weisse Suprematie», von der man heute, und auch erst so richtig seit wenigen Jahren, überall hört. Diese habe zuerst zugenommen, und erst dann folgte der Terror. Die Christen (und «Weissen») sehen es umgekehrt, erst nahm der islamistische Terror weltweit massiv zu, *was jede Statistik belegt*, darauf regte sich Widerstand, der die Islamisten mit der Realität ihrer Taten *konfrontierte*, worauf diese mit einer Ausweitung und Zuspitzung des Terrors antworteten, diesmal direkt gegen das Christliche und nicht mehr, wie bisher, gegen das Zivilgesellschaftliche oder Heidnische (Ungläubige). Dieses Spiegelspiel hinterlässt zwei narzisstisch funktionierende Akteure, wobei der eine den Anderen quasi angesteckt hat, nach dem Prinzip: Gib mir dein Spielzeug!

Dieses Game bleibt solange pendent, und die gegenseitigen Vorwürfe bleiben solange gleichwertig, bis jemand *nachmisst*, also *Objektivität* liefert, damit immer auch einen Vergleich anstellend (den der wahre Narzisst hasst wie der Teufel das Weihwasser). Um diese Objektivität aus dem Weg zu schaffen, wird sie nun selbst hinterfragt, entweder enthalte sie ein Bias, oder sie sei Fake, oder aber, sie stelle eine Usurpation dar. Marx entschied sich für die Usurpation. Weist der angeblich «Supremate» auf seine Leistungen hin – die man messen kann –, werden ihm diese nun entwendet, weil sie gar nicht ihm gehören würden. Entweder stahl er sie nämlich (marxistische Mehrwertkritik), oder er vertuscht damit die Leistung der Anderen (naive, sozialutopische Kritik, etwa über die Leistungen der Sklaven), die viel grösser gewesen sei als die seine. Das Wesentliche: Es ist und bleibt eine Spiegelung.

Marx hat gemerkt, höchst wahrscheinlich zunächst noch vollkommen unbewusst, dass die narzisstische Rechthaberei und Dauerbetroffenheit durch die Autonomie des Anderen, die aufgrund des inflationären Selbst-Leibes unumgänglich ist, nur dann *rational* werden kann, wenn der Geist einen Weg findet, die in ihr enthaltene projektive Abwehr gleichsam *tatsächlich* dem Anderen in die Schuhe zu schieben, wenn es also gelingt, den eigenen Narzissmus vollständig auf den Anderen zu übertragen und endgültig auf ihn abzuwälzen. Die Wissenschaftlichkeit des Marxismus besteht darin, diesen Übertragungsprozess philosophisch zu formalisieren und zu instrumentalisieren. Weil er natürlich misslingt, denn alles bleibt Spiegelung, bleibt er eine Daueraufgabe. Deren Gründe werden ebenfalls dem Anderen in die Schuhe geschoben, indem behauptet wird, dass die *Aneignung* als solche eine Grundeigenschaft des Bösen sei, der aus Abel einen Kain mache, wogegen das Gute auf ewig ankämpfen müsse.

Dabei steckt etwas ganz anderes dahinter. Diese Aneignung ist kein Zeichen des Bösen, sondern das Kardinalzeichen der *Autonomie* des Individuums. Jede Autonomie des Individuums, das in einem fremden, narzisstisch aufgeblähten Leib gefangen gesetzt ist, imponiert als Aneignung von etwas, was dem Individuum nicht zusteht. *Aber eben nicht an sich nicht zusteht, sondern nur im Universum jenes geblähten Selbst-Leibes.*

Diesen Umstand erkennt der Narzisst nicht. Je ausgeklügelter die Lehre wird, wie im Marxismus, umso unmöglicher wird es für ihren Adepten, diesen Grundzusammenhang aufdecken zu können. Es handelt sich hier um den grundlegenden *Verblendungszusammenhang,* der das narzisstische Universum kennzeichnet. Er ist nun aber nicht identisch mit jenem, den die marxistische Frankfurter Schule *erfand,* sondern der tatsächliche. *Tatsächlichkeit meint, dass etwas ubiquitär einklagbar evident wird, sobald man aus dem narzisstisch aufgeblähten Selbst-Leib austritt. Dann zerfällt das Spiegelkabinett augenblicklich. Was übrigbleibt, ist die Sache.* Solange man diesen Schritt nicht getan hat, gibt es strenggenommen keine andere Sache, als die Dialektik des Spiegelns. Sie dauert ewig und führt nie zu einer Sache, nie zu einem Ende, sondern reproduziert andauernd bereits Gewusstes.

Sowohl nach dem Ersten Weltkrieg, wie auch heute im Zuge der aktuellen Ausprägung fundamental narzisstischer Denk- und Handlungsweisen zusammengefasst sei, der Open Society-Bewegung, traten und treten Grossnarzissten auf, welche ohne jede zeitliche Verzögerung und ohne jede Rückfrage beim Gegenüber zur Weltveränderung schreiten.

Sie «revolutionieren» die Welt der Anderen, ohne diese jemals gefragt zu haben, ob sie es denn gutheissen oder gar wollen. Sie ermächtigen sich selbst, wie das bei einem Narzissten normal ist. Insofern ist er der einzige Autonome. Nicht, weil er es tatsächlich wäre, sondern weil er nur sich selbst zulässt.

Bei ihrem Vorgehen haben politisch agierende Narzissten die Anderen immer schon als «Reaktionäre» vorsortiert, ihre Argumente radikal entwertet und ihre Potenz durchgestrichen.

Wenn sie diesen «Reaktionären» eine Zeit lang gestatten, sich zu wehren und aufzuschreien, gehört das zum Kalkül. Denn diese Anderen *sollen* empfinden, was der Grossnarzisst empfand, bevor er tätig wurde: den Schmerz des gepeinigten Riesen. Danach aber muss er die «Reaktionäre» zertreten wie Kakerlaken. Sie bedeuten ihm nichts! Ihnen gegenüber empfindet er keine Empathie. Ähnliches berichtet der Koran über die Taktik Allahs, und nicht von Ungefähr: «*Sie schmieden Ränke, und ich schmiede Ränke! Gewähre du den Ungläubigen eine Frist, gib ihnen ruhig noch ein wenig Zeit!*»[4]

Das Ganze kommt als Befreiung, als «Demokratie» daher, gibt sich aufgeklärt, schwört auf die Menschenrechte. *Doch ist es ohne jede Vernunft.* Etwas wurde uranfänglich aus dem Ganzen entfernt: das Vergleichen und Abwägen, der neutrale Standpunkt. Es gibt keinen neutralen Boden mehr, nur das «Revolutionäre» und das «Reaktionäre», wobei Letzteres immer schon vorweggenommen sei. Darum behaupten Marxisten und Narzissten gleichermassen, der Gegner – hier heisst er Kapitalist (und neu auch «Weisser») - sei ein Betrüger, er

---

habe gar keine Argumente, alles, was er vorbringe sei plumpe Trivialität, die längst entlarvt worden sei.

Doch hat selbst der Marxismus Vorläufer. Wenden wir uns an dieser Stelle der *Offenbarungsreligion* als dem Paradigma des narzisstischen Weltentwurfs zu. In archaischen Zeiten und unter archaischen Menschen ist die Grunderfahrung jene der Autorität der oder des Sippenältesten. Er oder sie sind die Schöpfer, Anordner und Rächer all dessen, was gilt, und mehr noch, mythologisch betrachtet, auch all dessen, was ist.

Damit entsteht die Möglichkeit einer praktisch unbegrenzten Selbstaufblähung. Zunächst ist es der oder die Sippenälteste, die sich aufblähen, um ihrer Aufgabe gerecht werden zu können. Ihr Narzissmus wird maximal alimentiert, von der ganzen Sippe.

Doch dann - und das war der Trick - wurde ein Weg gefunden, die narzisstische Selbstaufblähung zur verallgemeinern und allen zugänglich zu machen, durch *Egotheose*.

Indem ich vollkommen im oder in der «Ältesten» aufgehe und handle wie er oder sie, aber nicht gegen ihn oder sie, geniesse ich dasselbe Ansehen und habe ich die gleiche Ursprünglichkeit wie er oder sie.

Die Sippen haben einen Weg gefunden, den Narzissmus ihres Anführers allen Sippenangehörigen zugänglich zu machen, ohne dass es dadurch zur Selbstzerfleischung des Verbandes kam.

Wie war das möglich? Es war möglich, indem man den verflossenen Anführer in den Himmel entrückte, ihn vergöttlichte, und indem man gleichzeitig den jeweiligen Chef, der wohl meist ein Nachfahre jenes Ahnen war, zu seinem Stellvertreter erhob. Dadurch entstand eine Art Vergleichsmöglichkeit. Indem man sich mit diesem «Gott» verglich, verwendete man das Surrogat eines Massstabs, des einzig gültigen unter Narzissten. So entstand im Archaikum eine erste dialektische Gesellschaft, die nicht allein die Sippe umschloss, sondern auch ihren totalitären Anführer im Himmel, der zum Weltenschöpfer und Allherrscher wurde. Man war zwar nur eine Sippe, dennoch gehörte dieser alles - über ihren «Gott». So berichtet die Bibel, dass Gott ein *auserwähltes Volk* habe, dem er alles geben werde, was in der Welt sei.

So blähte sich auch die Sippe selbst auf, als wäre sie ein Individuum, bis an den Rand des Himmels. Sie erreichte eine Grossartigkeit, gegen die jede andere Sippe bestenfalls «reaktionär» sein konnte. Damit kam die Gewissheit auf, dass den Mitgliedern jener Sippe die Welt als Beute zugewiesen worden ist, weil sie nicht ausserhalb der eigenen Totalität lag, sondern innerhalb, und in dieser Position verursachte sie Schmerz. Dass die Welt Beute sei, muss jedoch vor ihr klug und ohne Skrupel verborgen bleiben, bis die Zeit reif ist. Dabei kann und soll - vor allem in der Schia - bei Bedarf oder bei Bedrohung systematisch Täuschung über den wahren Glauben (Vorsicht, Verheimlichung) praktiziert werden (arabisch: taqiya)[5].

Es musste somit die Ansicht aufkommen, die Welt müsse bekehrt und erobert werden, damit dieser Schmerz aufhöre. Auf diesen intrapsychischen, narzisstischen Modus des In-der-Welt-Seins gehen Judentum, Christentum und Islam zurück. Alle drei Religionen sind in diesem Sinne nicht nur Gleiches vom Gleichen, sondern ausgezeichnete Hebel, alles andere aus seiner Eigenart, Selbstwirksamkeit und Befestigung zu lösen und zu unterwerfen. Es handelt sich dabei letztlich *nicht* um eine Art von früher Philosophie, nicht um eine Art der Politik und auch nicht um eine Religion im steinzeitlichen Sinne, sondern um ein Grossarrangement unter Selbstaufblähern, die - bei allem Narzissmus - das *gemeinsame Interesse* entdeckt und auf eine überraschende Weise implementiert haben, als ihr «Gott» nämlich. Die islamische Redeweise «Gott ist grösser» (Allahu akbar) bringt es auf den Punkt. Wenn Gott stets «grösser» ist, dann ist der, der «mit Gott» wirkt, immer grösser als sein Gegner, als solcher ist er im Recht, seine Grausamkeit ist Notwendigkeit, ja Barmherzigkeit. Das Perverse wird somit mitunter zur Normalität.

---

[5] Koran, Sure 3, 28

Historisch gesehen, sind dem narzisstischen Weltentwurf vor rund zweitausend Jahren der Hellenismus und das Römertum auf den Leim gegangen und verschwunden. Desgleichen verschwanden die keltischen und germanischen Kulturen als unabhängige Welterklärungen. Heute sind wir selbst an der Reihe. Im Islam holt der sogenannte Abrahamismus[6] zu seinem zweiten und entscheidenden Rundumschlag aus. Er empfindet sich wie der Marxismus als «revolutionär», darum verbündet er sich auch gerne mit diesem.

Was inkommensurabel ist, geht hier nun einen Pakt ein. Denn der Gegner ist für beide Grossnarzissmen derselbe: der autochthone, konservative Pluralist und «Heide», jener Mensch, der neben seinem Ich, seinem Selbst und dem Anderen auch noch die «Sache» kennt, in Empirie und Logik, als grundlegend gleichwertig mit dem Menschen und dem Menschlichen. Der Kampf sowohl der Marxisten, als auch der Muslime gilt dem undialektischen, nichtgeschlossenen Weltentwurf derer, die «hervorbringen», als ginge es - eine Einstellung, die sowohl Marxisten, als auch Muslime verdammen - *nicht allein* um den Menschen.

---

[6] Hans Küng spricht von «abrahamitischen» Weltreligionen, über die er zahlreiche Schriften verfasst hat, u.a. Christentum und Weltreligionen, Piper, 1984

Wer also glaubt, dass immer dann, wenn ein Mensch in Gefahr ist, es nicht zugleich um ein Gut, eine Sache gehen könne, der ist mit der heutigen Zeit gut bedient. Er darf sich zu jenen Gewinnern zählen, für die heute die Welt «verändert» wird. Monismus und Menschenrechtsfundamentalismus stehen ihm zu Gebote.

Jene anderen aber, die glauben, dass es ebenso sehr um das Gut und um die Sache gehe und nicht um den Menschen allein, sobald ein Mensch in Gefahr ist, sind heute schlecht bedient, sie zählen zu den «Reaktionären», ihre Angelegenheiten sind dem Untergang geweiht. Lehnen sie sich auf, gelten sie als Faschisten. Damals, in den Zwanzigern, fanden sie ihre Heimat bei den Nationalsozialisten, heute existiert dazu (noch) kein Pendant.

In den Augen der «Fortschrittlichen» geht es also, unter Umkehrung der Kausalität, gegen den Faschismus, in den Augen der Konservativen gegen die Revolution, die erst diese Situation geschaffen hat. Es ist immer derselbe Kampf, und er endet seit zweitausend Jahren immer mit dem Sieg des jeweils um einen Tick narzisstischeren Modells über das weniger narzisstische.

Man könnte gewissermassen sagen, dass die Natur des Menschen immer wieder versucht, dem sich um die Sache kümmernden Menschen - dem «Heiden» - die Herrschaft des archaischen Menschen überzustülpen, dessen narzisstisches

Weltmodell auf Dauer jedoch nicht genügt, sondern das Gegenmodell wieder auf den Plan ruft, um die verfahrenen Verhältnisse wieder zu bereinigen.

Heute stehen wir vor einer erneuten Kehrtwende. Diesmal ist der gesamte Westen - der alte Lebensraum der sogenannten Weissen - im Visier. Ich bin davon überzeugt, dass auch diesmal der Angriff siegreich sein wird. Der Absturz in ein weiteres, dunkles Zeitalter kommt jedoch erst nach einer Epoche des Verteilens, des Aufzehrens und Prassens. Solange wähnt sich die «Revolution» erfolgreich, wie stets, und so lange lernt sie nichts. Können Marxismus und Religion beide nur so *erklärt* werden? Ich denke ja, alles andere sind ihre eigenen Erklärungen, die in ihren axiomatischen Systemen enthalten sind.[7]

---

[7] Für diese gilt, wie für alle ähnlichen Systeme die Gödel-Schwierigkeit, sobald sie «alles» bedeuten wollen.

Bis vor wenigen Jahren hatten wir in der parlamentarischen Demokratie einfache, erprobte Verhältnisse, die auf die Aufklärung im achtzehnten Jahrhundert und auf die Französische Revolution und ihre Folgen zurückgingen. Es gab das Volk (ohne Anführungsstriche), und es war deckungsgleich mit einer seit Jahrhunderten, teilweise seit Jahrtausenden im Lande siedelnden Bevölkerung. Es hatte sich im Zuge der Aufklärung seine «Nation» geschaffen, wie man den modernen Staat bis heute gerne nennt.

Jedes Mitglied dieses Volkes, zunächst die Männer, später dann auch die Frauen, bekam die Möglichkeit, sich in die politischen Institutionen wählen zu lassen. Gleichzeitig besass jedes derartige Mitglied eine Stimme, wenn es um Wahl oder Abstimmung ging. Daraus leiteten sich einfache Mehrheiten ab, oder sie kamen durch Koalitionen zustande, woraus dann die entsprechende Politik erwuchs. Der Bürger wurde *Citoyen* genannt, ein Ehrentitel, der an den altrömischen *cives* erinnert.

Seit rund vier Jahren erst (2015) sind diese einfachen Verhältnisse, wie Sie wissen, nicht mehr selbstverständlich. Inzwischen ist – bemerkenswerterweise von Anfang an den ganzen Westen betreffend, was auf eine orchestrierte Aktion schliessen lässt – eine Equality-Bewegung (als Teil der Open-Societybewegung) aufgekommen, die vordergründig aus der seinerzeitigen Frauenemanzipation hervorging, beziehungsweise sich auf deren Erfahrungen mit sogenannten Quotenforderungen beruft. Quoten wurden lange Jahre ausschliesslich für Firmen gefordert. Die Quote wurde zuerst in der Wirtschaft eingeführt, fasste dort aber nicht so recht Fuss.

Die neue, von Anfang an sehr breit angelegte und radikal grundsätzliche Kampagne weitet den Quotenanspruch nicht nur auf jedes mögliche Organ in Wirtschaft und Politik aus, sondern bezieht ihn auch auf einen praktisch zeitgleich der Öffentlichkeit vorgelegten Fächer neuer Geschlechtlichkeiten (Genders), ein Katalog, der praktisch beliebig ausgebaut werden kann. Sehr rasch subsumierte man darunter auch «Rassen» (freilich vehement als Nichtrassen bezeichnet) und kulturelle «Identitäten», sogar Religionen, in erster Linie den Islam.

Derzeit geschieht eine Ausweitung auf Kinder und Jugendliche und auf geistig und psychisch Behinderte, also auf bisher von der Politik ferngehaltene Subgruppen. Es lässt sich annehmen, dass bald auch im weitesten Sinne andersgeartete, geschlechtliche Ausrichtungen wie der Sodomismus (Sex mit Tieren) oder die gerade bekanntwerdende, sogenannte Ökosexualität (Sex mit Pflanzen) zur Quotierung Anlass geben werden.

Was geschieht hier? Betrachten wir diese Neuerung aus einiger innerer Distanz, handelt es sich zunächst um das Ausscheiden des Citoyens aus dem politischen Denken. Umgekehrt ist es geradezu so, dass er heute – und das ist radikal neu

– als Usurpator gesehen wird, als Despot, der all den genannten Gruppenidentitäten, die man zu diesem Zweck ja erst konzeptionell ins Leben gerufen hat, den Zutritt zur Politik verwehre, und zwar mutwillig. Als habe der Einzelne nicht bereits als *Citoyen* vollen Zutritt. Dieser Citoyen sei vielmehr das Problem, nicht die Lösung, wie die Reaktion auf die vorgebrachten Neuerungen belegen würde. Es zeige sich auch, dass der Citoyen im Grunde nur ein anderes Wort für den «weissen, alten Mann» sei, der die ganze Macht in Hände halte, die nun zu verteilen sei. De bisherige Demokratie des Citoyens werde von den «weissen alten Männern» nämlich, nicht von Ungefähr, am vehementesten vertreten. Denn sie seien dessen Nutzniesser.

Was also früher gerade der Sinn der Demokratie war, jenen zum Nutzniesser der Politik einer Nation zu machen, der ein Citoyen ist, gilt heute als Usurpation und strukturelle Gewalt. Begreiflich, wenn man annimmt, dass heutzutage, vor dem Hintergrund der fantastischen Zivilisationsmaschinerie, die eine komplett freie, individuelle Identifikation erlaubt, ohne dass dadurch umgehend die eigene Existenz gefährdet wird, diese Identifikation zum *primum agens* wird. Denn nun soll man nicht mehr als Citoyen, sondern *konfektioniert*, als Frau oder als Schwuler, etc., zur politischen Identität werden.

Es gehe heute nicht mehr darum, dass sich das unterworfene Individuum aus den Fesseln des totalitären Staates befreie und sich erst einmal als Citoyen identifiziere, wie im Zuge der Aufklärung und ihrer Folgezeit, dass somit nicht mehr die

Freiheit im Zentrum stehe, da diese garantiert erscheine, sondern, dass sich das (befreite) Individuum in der von ihm gewählten Gruppe, die in erster Linie eine sexuelle sei, einbringen könne. So könne man sagen, dass beispielsweise der *schwule Citoyen* – als eine Instanz des Konzepts, die er ist - den attributlosen Citoyen (den Citoyen *tout court*) politisch überschreibe und ersetze. Freiheit bedeute somit nicht mehr Freiheit von Tyrannei und Sklaverei, wie bis anhin, sondern die Freiheit *Attribute* zur Schau stellen zu dürfen. Der Citoyen sei zu abstrakt, er müsse erst einmal attributiv spezifiziert werden, um politische Relevanz zu erlangen, zumal ja eben der Citoyen selbst unausgesprochen das Attribut des «alten weissen Mannes» mit sich herumtrage. Es habe gar nie einen attributlosen Citoyen gegeben. Vielmehr sei er eine bewusste Täuschung gewesen. Wobei hier wieder die Kausalumkehr vorausgesetzt wird, wodurch Täuschung überhaupt erst möglich wird.

Doch wie kann man die begriffliche Neufassung politisch wirksam machen? Durch die Quote. Das Volk wird neu nur noch als «Volk» - besser noch als «Bevölkerung» - bezeichnet, nicht nur wegen des Missbrauchs des Begriffs zur Nazizeit, sondern auch infolge der obigen Neuausrichtung des Denkens.

Die Parlamente und Gremien der Politik werden künftig nicht mehr mit Citoyens besetzt, sondern mit Gruppenidentitäten, von denen eine jede gleichberechtigt mit jeder anderen

ist. Definiert man beispielsweise hundert solche Gruppenidentitäten, und hat man dreihundert Abgeordnetensitze, so fallen
auf jede Gruppenidentität im Idealfall drei Sitze. Zu wählen
seien die Individuen, die diese Sitze belegen sollen.

Die Mehrheit in solchen Gremien entspricht der Mehrheit
der Stimmen in einer solchen, im Grunde korporativen Ver-
sammlung. Damit ist klar, dass das, was man bisher «Volks-
meinung» oder gar «Volksmehr» genannt hat und nennen
konnte, hinfällig ist. Es gibt jetzt in den Bürgerparlamenten -
und auch in den Exekutiven und Judikativen - das Gruppen-
mehr und die Gruppenmeinung, also das, was in den Senaten
und Länderkammern vieler Demokratien lange schon inkor-
poriert ist in Bezug auf territoriale Einheiten, die deckungsgleich mit der autochthonen Bevölkerung waren, die sich das
Volk nannte. Im Grunde erleben wir heute die Abschaffung
des Bürgerparlaments und die Neuschaffung einer korporativen Volksvertretung, die parallel zur alten in den Länderkammern oder Senaten arbeitet. Damit ist das einzelne, freie Individuum bereits Geschichte. Popper sprach nicht von Ungefähr dem Mehrheitsprinzip für die Offene Gesellschaft ihre
politische Relevanz ab und setzte stattdessen auf die Gleichheit.

Die folgende, stark vereinfachende Grafik suggeriert, dass
sich im herkömmlichen Fall (links dargestellt) die politisch relevante Frage so stellt: *Wie stellen sich die nationalen, lokalen Ver-
bände (Parteien) zu einer bestimmten Politik?* Im zukünftigen Fall

hingegen (rechts dargestellt) lautet sie: *Wie stellen sich transnational «normalisierte» Identitäten (smenoi, zum Beispiel die Schwulen, die Türken, die Frauen, die Provinzialen, die Katholiken, die Muslime, die Antifaschisten, etc.) zu einer bestimmten Umsetzung der Politik?* Im ersten Fall spricht man von *einem* «Volk» (demos) und einer Regierung, im zweiten hingegen lieber von *der* Zivilgesellschaft (ohne feste Abgrenzung, primär globalisiert, wir nennen sie hier auch die Kolosseumsgesellschaft) und ihrer Governance. Unter dieser kann man ein Politikmanagement verstehen, das lokal ausführt, was global entschieden wurde, die also lediglich *lokal konfektioniert umsetzt,* was andernorts festgelegt worden ist, beziehungsweise festgelegt wird, über die daran beteiligten, transnationalen Identitäten.

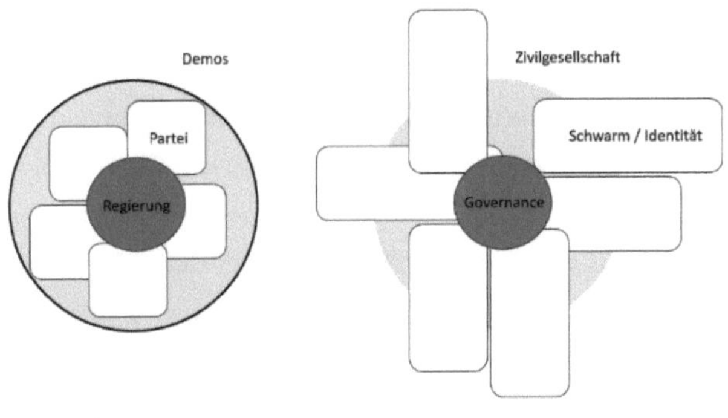

Der Unterschied zwischen einer Demokratie und einer Smenokratie, wenn vollständig umgesetzt

Smenokratie ist die *Innenpolitikform eines Imperiums.* Bis sie vollständig etabliert ist, mischt sie sich in die Demokratie ein und überspielt deren Mechanismen, um Abstimmungen, Wahlen und Strategien zu beeinflussen. Sie holt den Citoyen über eine seiner Gruppenidentitäten ab und relativiert damit seine Parteibindung. Indem sie das «Volk» als Zivilgesellschaft bezeichnet, drängt sie das Nationale oder gar Völkische zur Annahme einer rechtskonservativen (smenokratischen) Gruppenidentität und partikularisiert beides dadurch matchentscheidend (bis hin zur politischen Kastration).

Dieser Prozess wird als «Rettung der Demokratie» vor dem Rechtsextremismus bezeichnet. Er konstituiert eine *res publica restituta* im Sinne des *Prinzipats.* Die (transnationale, aber national umzusetzende) Politik wird vom Prinzeps festgelegt, er ist heute der *nackte Einzelne des fundamentalistischen Menschenrechts.* Die Formulierung dieser Politik obliegt Institutionen, die *Prinzeps-nah* operieren, wie beispielweise den Open Society Foundations (OSF), sowie Menschenrechts- und Verfassungsgerichten, aber auch «normalisierten» Forschungszentren, Universitäten und Think Tanks.

Es handelt sich somit beim aktuellen politischen Umbruch keineswegs um das Resultat einer Verschwörung, sondern um eine für die Moderne weitgehend neue Art zu politisieren, die nun siebzig Jahre vorbereitet worden ist und direkt an das altrömische, frühkaiserliche Modell anknüpft (und uns dieses endlich ganz verständlich macht).

In den gegenwärtigen USA verstehen sich die Demokraten heute beispielsweise als Prinzeps-nahe operierender, smenokratischer Club, der sich formal (noch) als Partei ausgibt. Sie machen die Politik des nackten Einzelnen, sehen sich allerdings einem solchen Einzelnen in der Gestalt Donald Trumps gegenüber, der entgegen der impliziten Abmachung durch den Primat der NKD seinen eigenen, NKD-gefährlichen Weg geht.

Ähnlich sah sich im alten Rom ein immer grösser werdender Teil des politischen Establishments nach Tiberius den realen Augusti Caligula und Nero gegenüber, die gleichsam vom «rechten Weg des Prinzipats» abgekommen waren. Das Establishment vertrat so immer stärker das Erbe Octavians, anstelle jenes der Republik (!), gegen eine mutwillige Neuinterpretation von Octavians Prinzipat durch die «wahnsinnigen» Kaiser (bis zu Domitian). Doch waren diese gar nicht so wahnsinnig, sondern setzten jenes Programm lediglich voll und ganz um, wodurch sein inhärenter Despotismus ans Licht trat.

Dem römischen Establishment gelang zwar die Beseitigung der vermeintlichen Aberranten, die weitere Entwicklung des Prinzipats zur Monarchie gab diesen jedoch vollumfänglich Recht.

Und so kam es, dass das republikanisch-senatorische Establishment die Republik still und heimlich begrub, ohne es zu begreifen, nur um das octavianische Regiment zu erhalten, und damit ihre eigene Herrschaft. Es rettete das Prinzipat anstelle der Republik als eine Spielart der Monarchie. Diese etablierte sich dann endgültig während der Reichskrise im dritten Jahrhundert. Das Ganze war ein langer Prozess, und auch heute wird es sich bei seiner Wiederholung um einen längeren Vorgang handeln. Ihm ist jedoch schon jetzt die Despotie inhärent. Überall schimmert sie bereits durch.

Nun denken Sie bestimmt, von einer solchen Wandlung seien wir noch weit entfernt. Das stimmt, aber die Neuerung ist ja auch erst wenige Jahre alt. Doch lässt die ungeheure Energie, mit der sie im ganzen Westen (und nur dort) gepusht wird, darauf schliessen, dass so die fernere Zukunft aussehen wird.

Was ist denn der Vorteil einer solchen, auf ganz neue Grundlagen gestützten Demokratie? *Der erste und grösste Vorteil ist die endgültige Elimination der Faschismusgefahr in westlichen, typischerweise immer noch recht homogenen Bevölkerungen.* Denn der neugefasste Vertretungscharakter dieser Bevölkerung im politischen Apparat lässt es gar nicht mehr zu, dass eine Links-Rechts-Eristik aufkommt. Sie lesen richtig: Auch die linke Streitbarkeit ist künftig unerwünscht. Und zwar deshalb, weil sich das linke politische Gedankengut in dieser neuen Form der Demokratie bereits durchgesetzt hat und keines eigenen parteipolitischen Standpunkts mehr bedarf.

Wir stehen unmittelbar vor der Machtergreifung durch die zeitgemässe Variante des Marxismus im ganzen Westen. Nie war eine politische Strategie schlauer und perfider als diese! Sie ist brillant und tödlich zugleich. Sie wird letztlich aber auch den Marxismus eliminieren. Was übrigbleibt ist ein Orwellstaat.

Ich nannte die neue Form der Demokratie, sofern sie sich immer noch Demokratie nennt, die «gerettete», in Anlehnung an den altrömischen Begriff der *res publica restituta*. In der Tat ist heute viel von der «Rettung der Demokratie» vor dem Zugriff der vermeintlichen «Nazis» die Rede – die eben diese neue Demokratie verhindern wollen -, und gemeint ist damit implizit stets das, was ich hier auf den Punkt gebracht habe.

Es erscheint mir nun klüger, künftig nicht mehr von Demokratie zu reden, da darin das Wort für Volk aufscheint (demos), sondern von Smenokratie. Smenokratie meint die Herrschaft der Gruppen oder Schwärme (smenoi). Die «gerettete Demokratie» ist somit eine Smenokratie. Sie ist im Grunde, da strukturell eine Ständeorganisation, freilich heute eine hauptsächlich sexuell definierte, immer auch implizit faschistisch. Das erstaunt nicht, denn auf dem Weg in den Orwellstaat genügt es nicht, linkes Gedankengut zum Standard zu erheben, es muss zusätzlich auf geeignete Weise gebündelt («faschisiert») werden, um diesen neuen Staat vorzubereiten. Die «gerettete Demokratie» ist eine «faschistische Demokratie linker Herkunft». Das klingt wie ein Widerspruch. Er macht aber die Potenz des Modells aus, gibt ihm enorme Kraft und verschleiert die wahren Absichten dahinter.

Gibt es solche? Wir könnten es uns leicht machen und sagen, es gebe in der Politik immer solche. Hier jedoch muss man sie explizit machen, um sie verstehen zu lernen, was unbedingt zu empfehlen ist.

Stellen Sie sich eine westliche Welt vor, die aus lauter Smenokratien besteht. Wenn Sie mich ganz verstanden haben, werden Sie dabei auf Folgendes kommen:

- Die einzelne Smenokratie ist konzeptionell nur noch Provinz. Denn sie gehört nicht mehr einem Volk, ja nicht einmal mehr einer Bevölkerung, und sie gehört nicht mehr einer einzelnen Kultur. Sie ist das, was ich in Anlehnung an den Filmbegriff der *Tranche de vie* eine *Tranche du Monde* nennen möchte. Profaner kann man sie auch eine Politunternehmung nennen.

- Die einzelne Smenokratie gehört nur noch jenen Gruppen (Schwärmen), wie sie überall in der Welt vorkommen. So wie eine Schwarzwälder Torte, egal wie man sie aufschneidet, stets denselben Aufbau zeigt, zeigt jede Smenokratie dieselbe Politik, jene der Gruppen nämlich, die auch in allen anderen Smenokratien vorkommen. Natürlich gibt es auch Folkloregruppen, doch sagt bereits der Begriff, dass sie nicht mehr sind als das.

- Man kann alle Smenokratien, die alle nur Provinzcharakter haben, zusammenfassen zu einem Grossgebilde (man kann die Torte wieder zusammenstellen), das sich nur sehr ungern ein Imperium nennt, aber ein solches ist. Dieses Reich verfügt über einen einheitlichen Markt, eine einheitliche Gruppenidentitätsstruktur, einheitliche Politiken und eine durchgehende Heterogenität im Aufbau der lokalen Bevölkerung.

Sie erkennen, wo wir heute stehen, und wo es lang geht. Dieser Umbau der alten, aufgeklärten Republiken (Demokratien) zu «geretteten» - gerettet vor dem Zugriff von Faschisten alter Prägung, die freilich nicht existieren, sondern zu Verschleierungszwecken lediglich werbewirksam an die Wand gemalt werden -, ist die notwendige, konzeptionelle und strukturelle Vorbereitung für Weltstaat und Weltmarkt.

Die Vorbereitung muss jedoch verschleiert ablaufen, eben wegen der immer noch gegebenen Demokratie des Citoyens. Damit dieser den Umbau nicht zu debattieren anfängt, wird das Gespenst der Nazis beschworen. Jeder, der diesen Umbau zum Thema machen möchte, wird als Nazi exkommuniziert.

Der Umbau selbst erfolgt radikal undemokratisch. Er kann aber auch keineswegs diktatorisch verfügt werden, obschon es Ansätze dazu beispielsweise in der EU gibt, sondern muss sich selbst entwickeln, wozu die eingangs diskutierte Quotendiskussion dient, die das Kerngut der Smenokratie transportiert, ohne ihm einen Namen zu geben.

Die Quotendiskussion wirkt *natürlich*, so, als wäre sie längst fällig. Und dort, wo die Diskussion noch nicht offen geführt wird, etabliert sich die Smenokratie transnational, indem sie demokratische Volksabstimmungen smenokratisch unterläuft, wie geschehen anlässlich der Selbstbestimmungsinitiative der SVP in der Schweiz 2018. Die *altertümliche Selbstbestimmung* musste unbedingt vom Tisch. Zu diesem Zweck formierten sich die institutionellen Korporationen oder Gruppenidentitäten, die NGOs und Stiftungen, die ihrerseits die Wähler direkt ansprachen oder abholten. Dabei handelte es sich um eine virtuelle Smenokratie. Der Wähler wählte eine Loyalität zu einer Gruppe als seinen Standpunkt aus, er ging gar nicht auf die in der Initiative gestellte Frage ein. Diese Form der Smenokratie existiert seit den Neunzigern und bereitet die «gerettete Demokratie» vor.

Die NGOs und Stiftungen sind in den letzten dreissig Jahren am Zeitgenossen vorbei zur Weltmacht aufgestiegen. Es gibt inzwischen Zehntausende solcher Organisationen. Sie alle sind primär transnational und global aktiv, oder arbeiten für andere solche. Das aufsteigende Imperium hat sich damit seine Hebel geschaffen, um transnational den nationalen Alleingang zu ersticken. Zugleich trainiert man die Bürger eines

jeden Landes darin, sich in erster Linie mit transnational exis-
tierenden Gruppierungen zu identifizieren und nicht mehr mit
nationalen. Das wiederum geht am leichtesten über sexuelle,
menschenrechtlich-humanitäre und kultur-religiöse Gruppenidentitäten.

Das ist alles gut und recht, und es mag so sein, oder auch
nicht. Der Smenokratie stellt sich jedoch das gleiche, uralte
Problem, das auch die Demokratie des Citoyens lösen musste:
Wie finanziert man sich?

Sie merken, dass wir an jenem Punkt angelangt sind, wo es
für Sie vermutlich bedrohlich wird. Wer zahlt das Ganze? Reflexartig sind wir gewohnt zu rufen: der Steuerzahler!

Nun ja, so simpel ist die Sache heute nicht mehr. Die
Smenokratie führt zu einer Abnahme finanziell zuverlässiger
Mittelschichten, mithin zu einer Abnahme des Steuerpotenzi-
als eines Landes, oder nennen wir diese Einheit nun Provinz.
Natürlich sind Sie als guter Steuerzahler gefragt, bis Sie kaputt
sind. Darüber brauchen Sie sich keine Illusionen zu machen.
Niemand löst sie in diesem Punkte ab.

Um die eingangs gestellte Frage nach der Finanzierung der
Smenokratie beantworten zu können, müssen wir nun aber
verschiedene Phasen ihrer Entstehung unterscheiden. In den
letzten dreissig Jahren finanzierte sich die Smenokratie hauptsächlich über das Terakapital. Als solches bezeichne ich das

Vermögen milliardenschwerer Protagonisten globaler Finanzspekulation. Von ihnen gibt es heute wahrlich genug. Sie sind es, die den Filz der NGOs und Stiftungen alimentiert haben, zusammen mit dem naiven Spender, der dafür ununterbrochen und bisweilen tief in sein Portemonnaie griff.

Nach dieser frühen Investitionsphase, die mit dem Grossereignis von 2015 abrupt endete, ist nun die zweite Phase angebrochen, jene der kapitalsozialistischen Marktfinanzierung.

Was ist darunter zu verstehen? Nichts anderes, als dass nun die Staaten selbst einen Grossteil der ihnen zur Verfügung stehenden Kapitalressourcen zur Finanzierung des Sozialmarkts und damit zahlreicher smenokratischer Identitätsgruppen verwenden, wozu es eines Anstosses bedurfte, der keinen Widerspruch vertrug.

Durch die Grenzöffnung 2015 und die Flutung mitteleuropäischer Staaten mit Millionen afrikanischen und orientalischen, hauptsächlich männlichen Flüchtlingen, die in menschenrechtlicher Aufbereitung als nicht identifizierbare Einzelmenschen und bewusst radikal depriviert an den Grenzen auftauchten, entstand jene Krisen- oder fast schon Kriegsbegeisterung, wie sie zu Beginn des Ersten Weltkriegs gegeben war und diesen erst recht ablauftechnisch ermöglicht hatte.

Auch diesmal fragte niemand ernsthaft, ob das alles zu verkraften sei? Vielmehr galt es, in die Hände zu spucken und alles Geld locker zu machen, das man locker machen konnte.

Plötzlich – o Wunder! – standen Hunderte von Milliarden zur Verfügung, nicht für die Projekte der alten Republik, nicht für den (eigenen) Citoyen, sondern für jene der neuen Smenokratie, für den buchstäblich «Anderen» und «Fremden».

All dieses Geld floss in den explodierenden Sozialmarkt und machte ihn zu einem namhaften Faktor an der Bruttoleistung der betroffenen Bevölkerungen, so dass es aussah, als habe man einen bisher unbegangenen Pfad entdeckt, das Perpetuum doch noch zu erfinden. Man wies stolz darauf hin, dass das Gesamtprodukt gewachsen sei, und dass die Alimentierten im Grunde hochproduktiv wirkten.

Zwar kam das Ganze einigen, wirklichen Experten (u.a. Hans-Werner Sinn) merkwürdig vor, doch im Trubel der allgemeinen Krisenbegeisterung ging deren Protest unter. Gleichzeitig befreite dieses Erlebnis die Linken schlagartig von jeder Zurückhaltung in Bezug auf das Ausgeben von Geldern.

In den letzten Jahren wurden unzählige Felder eröffnet, auf die man fortan den Geldstrom leiten will, abseits der Frage, wie diese Ausgaben refinanziert werden können. Ganz im Gegenteil, legte man noch ein Brikett obenauf, indem man anfing, das bedingungslose Grundeinkommen für jedermann zu fordern.

Ein schlauer Trick, denn Bürger, deren Leben berentet wird, werden dem ihre Stimme geben, der solches möglich

macht. Und vor allem werden sie künftig alles andere opfern,
als diese ihre neue Lebensgrundlage. Beispielsweise werden sie
gerne auf eine Armee verzichten. Und sie werden alle dafür
stimmen, wenn es darum geht, die Unternehmensteiche finanziell abzufischen. Schliesslich wären sie auch bereit zuzustim-
men, wenn die Kirche ihre Kunstschätze verhökerte, gelange
der Erlös nur in den alimentierenden Topf. Nebenher würden
die Menschen noch ein bisschen werkeln, wohl die meisten
auf Jahrmarktniveau, aus purer Langeweile, oder um sich in
der neuen, bunten Welt noch besser zu vernetzen.

Auf der Strecke bliebe die Hochkultur, denn sie ist überaus
teuer, weil anspruchsvoll. Man würde dann gerne auf Opern-
häuser, Konzerthallen, auf den Denkmalschutz, auf Verschö-
nerungsprojekte, natürlich auch auf Museen und auf teure
Universitäten verzichten. Notfalls kann man das alles *just in
time* einkaufen, zum Beispiel bei den Chinesen. Denn merke:
It's only about money! Es braucht nur Geld. Und dann läuft's.
Das ist das Grundcredo aller Linken, das sie allen Rechten in
die Schuhe schieben.

All dies wäre nichts als die menschenrechtlich korrekte
Abwrackung überflüssiger Substanz, Hochkultur genannt, unter Wahrung des Interesses des nackten Einzelnen, für den
schliesslich alles Komplexere geopfert und veräussert werden
müsste. Übrig bliebe das globale Entertainment, der globale
Warenmarkt, aber auch ein neuer, globaler Menschenmarkt.
Die Kolosseumsgesellschaft wäre wiederauferstanden, und

man fände gewiss sehr grossen Gefallen an ihr. Ich betone es immer wieder: Solches Gefallen betrifft stets auch die Sexualität, die von einem solchen Ab- und Umbau enorm profitieren würde. *Lust würde zum gefragtesten aller Ratgeber.*

Man wäre fortan Smenoyen und kein Citoyen mehr. Der Bourgeois wird zum Bourgeoyen. Er erwirtschaftet nach wie vor die Steuern. Es braucht sie noch. Andere Smenoyens jedoch liefern gar kein Kapital, oder nur sehr bedingt.

Heute wird die Geldmenge noch von den Banken reguliert. Mit neu geschaffenem – mit erfundenem - Geld werden bis heute hauptsächlich Investitionen finanziert, letztlich also die Produktionsmittel. Damit garantiert man, dass es im Querschnitt zu einem Nettorückfluss kommt.

Neu fliesst das Kapital nun zuerst zu den Smenoyens, die als *Konsumenten* amtieren. Neues Geld dient in der voll erblühten Smenokratie nicht mehr in erster Linie der Investition, sondern hauptsächlich dem Konsum. Durch die konsequente Abschöpfung der Margen auf dem Konsumentenmarkt fliesst ein Teil dieses Kapitals wieder zum Staat zurück, von dem es ausging.

Diesen Kreislauf zwischen Gelderfindung, Geldkonsum und Abschöpfung von Gewinnen durch den Staat, der die Stelle der Bank einnimmt, stellt man sich als ein *kapitalsozialistisches Perpetuum* vor. Damit das technische Zivilisationsniveau und die Allverfügbarkeit des Waren- und Leistungsangebots gehalten werden können, wird der Kapitalismus als die Grundform der Innovationsleistung beibehalten. Die relative Reduktion der Produktivkräfte in der Bevölkerung durch das neue System wird durch Automaten kompensiert und nicht mehr über Marktkräfte reguliert. Bürokratische Ordnungssysteme wie etwa Gemeinden, Provinzen oder Archive werden durch Blockchains ersetzt. Sie sind globalisiert verfügbar.

Diese Kombination aus Kapitalismus und Sozialismus funktioniere, so hofft man, grundsätzlich ewiglich. Die Geldmenge liesse sich beliebig steuern. Die Kernidee dahinter ist, dass wo Geld erfunden werden kann, es auch ohne Schaden wieder vernichtet werden könne. Staatsschulden sind fortan nicht mehr zur Begleichung da, sondern stellen in letzter Konsequenz Einheiten im Ablasshandel zwischen Staaten dar, die sich als Banken begreifen. Schulden sind somit politische Leistungen, die man anbieten oder verweigern kann. Dabei käme, so die Idee, niemand zu Schaden, weil Geld ohnehin erfunden werde. Die Geldmenge werde über eine möglichst hochgradige Abschöpfung der Zwischengewinne gesteuert. Dieses Geld wird rezykliert, entweder vernichtet oder ergänzt mit neuem. Der Kapitalismus spielt insofern immer noch eine Rolle, als Gewinne entstehen sollen, die aber nur noch zum kleinen Teil privatisiert bleiben. Dieser Anreiz müsse bestehen bleiben, sonst drohe die Wiederholung des gescheiterten Experiments des (reinen) Sozialismus.

Sie werden sich fragen, ob in dieser neuen Welt die An-
häufung von Terakapital immer noch möglich sein wird? Sie
wissen, dass sonst die Terakapitalisten, die zu den Initianten
des Kapitalsozialismus gehören, vom Zug springen würden.
Die Antwort ist natürlich ja, sie wird weiterhin möglich sein,
jedoch nur für jene, die heute bereits Terakapitalisten sind. Sie
werden die neue, globale Aristokratie bilden, wo man unter
sich bleibt. Der Bildungsprozess dieser Aristokratie neigt sich
dem Ende zu. Diese Aristokratie wird sich in den ehemaligen
Kolonien nach Belieben bedienen dürfen, weil die dortigen
Verhältnisse es noch Jahrhunderte erlauben werden. Namentlich wird der Menschenhandel zur Domäne dieser Aristokraten, oder das, was ich die grosse Human Arbitrage genannt
habe.[8]

Ein geniales System vor allem für die, die heute superreich
sind. Damit sind nicht etwa Sie und ich gemeint, wir sind un-
bedeutend. Reichsein meint heute etwas ganz anderes. Es
meint, dass man Milliarden besitzt, und bald werden es Billio-
nen sein.

Ist es nicht interessant, dass man im postsowjetischen
Russland ein solches System eingeführt hat, indem man durch
die Verzockung des Staats- und Volksbesitzes Oligarchen

---

[8] Fröhlich, A.W., Imperium Humanum, BoD, 2018

schuf, Terakapitalisten, deren Aufgabe es ist, andere Grosskapitalisten von Russland fernzuhalten, die es sonst längst ausgeweidet hätten? Sie merken, dass man die Welt problemlos neu verteilen kann, ohne jemals einen Citoyen darüber befinden zu lassen. So wie die russischen Oligarchen die Wachhunde des dortigen Systems sind, werden sich die westlichen Oligarchen zu den Wachhunden unseres Systems entwickeln. Genauer: *Sie sind es schon.* Ihr Kapitalinteresse wird durch jeden Angriff (von rechts) tangiert.

Was ist aus der guten alten Demokratie geworden, werden Sie sich fragen? Offensichtlich eine Schlangengrube. Sie und ich haben darin nichts verloren. Uns gibt es kalkulatorisch bereits nicht mehr. Das ist der wahre Zustand der Welt. Darum sage ich stets, die Republik sei längst tot.

Welcher Motor treibt uns alle an, dass wir eine solche Entwicklung hinnehmen? Es sind zwei Dinge: die «Shoa» und das Menschenrecht. Unter der Shoa verstehen wir das *zum Sakrament erhobene, millenare Judenopfer der Nazis der Nazirezeption*, nicht den Judenmord als historische Tatsache. Ich nenne das sich daraus ergebende System einen politischen Spinozismus, in Anlehnung an Spinoza, der ein vollkommen analytisches System beschrieb, wie man die Welt aus einer einzigen Substanz begründen kann. Die Shoa ihrerseits aber ist undenkbar, ohne das fundamentalistisch verstandene Menschenrecht. Es wiederum ist ein Monismus, wie der Spinozismus auch. Shoa und Menschenrecht erzwingen quasi analytisch den Übergang in die Smenokratie, in die Politik der Equality und der Inklusion, in die Ent-«Volk»-ung und in flächendeckende Neuidentifikationen, in die schiere Globalität.

Die wichtigste, weitere Frage wäre nun diese: Was steht *hinter* der Shoa, *hinter* dem Sakrament? Wieder will ich hierauf eine philosophische Antwort geben. Hinter der Shoa steht *der Primat der Ethik vor der Ontologie*, steht letztlich immer noch das Modell des Rousseau-Menschen (Abel, der sich nichts «aneignet») und das Konstrukt des «Milieus», welches «alles» sei. Dahinter steht seinerseits die – die Explikation davon ist tabuisiert - implizite Ablehnung des Evolutionsgedankens in Bezug auf den Menschen der letzten hunderttausend Jahre.

Der Mensch der letzten hunderttausend Jahre – im Grossen und Ganzen die Zeitspanne seit seiner Auswanderung aus Afrika - habe ausnahmsweise nicht der Evolution (Mutation, Selektion, Anpassung) unterlegen, alle seine Individuen seien heute noch ebenso komplett baugleich wie damals vor hunderttausend Jahren.

Das ist eine Behauptung, die sich biologisch nicht erhärten lässt. Deshalb ist es – nach der Shoa – nun verboten, dazu Forschungen anzustellen. Zugelassen sind nur Forschungen, die nicht auf Unterschiede fokussieren, sondern auf das Gemeinsame aus sind, und wenn auf Unterschiede, dann nur zum Zwecke medizinischer Verwertung der Ergebnisse. Weiterführende Systematisierungen werden aus dem Diskurs explizit ausgeschlossen.

Jedes Forschungsprojekt muss von einer Ethikkommission bewilligt werden. Auch die Etablierung dieser Kommissionen als Systemparameter geschah abseits öffentlicher Aufmerksamkeit, ganz bewusst. Man wies bei Bedarf auf die unethischen Forschungen der Nazis hin und hielt diesen Hinweis für ausreichend, um Ethik-Kommissionen zu rechtfertigen.

Der eigentliche Zweck lag jedoch von Anfang an weit jenseits davon. Der politische Spinozismus sollte damit radikal geschützt werden. Denn er ist nur möglich unter der Annahme, dass der Mensch in all seinen Teilen baugleich ist, dass somit jeder Mensch grundlegend die gleichen Bedürfnisse habe, und dass sie alle auf die gleiche Weise befriedigt werden können. Wir halten das für unproblematisch, doch ist es eine der erstaunlichsten Selbsttäuschungen der Moderne.

Der Urstreit zwischen Veranlagung und Erziehung hat sich eingegraben. Es herrscht Stellungskrieg. Er stammt aus dem aufgeklärten Neunzehnten Jahrhundert. Als eine politische Ideologie nahm er unter dem Titel des Marxismus eine eindeutige Wende. Dieser dachte die Welt ohne Veranlagung, körperlos, aus dem Geist heraus, der sich einen Materialismus *ausdachte*, der in Wahrheit keiner ist.

Die politisch-ideologische Grossreaktion auf alle solchen Entwicklungen war der Nationalsozialismus. Er ist im Grunde genommen das, was die Biologie lehren würde, könnte sie sprechen. *Der Nationalsozialismus ist – das muss so pointiert ausge-*

sprochen werden - das Programm der Evolution in politischer Formulierung. Da im Politischen und im Gesellschaftlichen diese Lehre radikal zerschlagen worden ist, ist die evolutionäre Sicht auch für die Biologie heute tot. Wenn sie im Politischen wegen des Menschen tot ist, dann ist sie tot. Denn wieso sollte die Evolution vor einer ihrer Kreaturen Halt machen?

Der Mensch hat, wie Sie feststellen, bereits damit begonnen, die Welt *kreationistisch* zu interpretieren. Er schafft sie nun selbst um, er will auf sie einwirken wie ein Gott. Doch steht das klassische Schöpfungsprogramm in Form des Islams bereits vor seiner Tür.

Gott wird sich als Allah die Schöpfung zurückzuholen wissen, darauf dürfen Sie ihre Altersrente verwetten. Gegen den islamischen Egotheismus sind alle modernen Monismen Schwachstromlösungen. Der Egotheismus des Islams ermächtigt den Einzelnen zu praktisch allem – und zwar im Direktverfahren über das *Einsatzmittel des Todes* -, was mit Macht (über andere Menschen, über deren Kultur und über die Kreatur) zu tun hat.

Nachdem wir uns angeschaut haben, wo die Probleme und die vorgeschlagenen Lösungen im Zeitalter des systematisch geförderten Narzissmus – der lustvollen Selbstbespiegelung im Anderen – und in der politischen Ökonomie unserer Zeit liegen, wollen wir uns nun dem im bedrohten Westen 2019 aufkommenden Ersatzglauben zuwenden, der die Gemüter bereits grossmächtig ergriffen hat. Zuerst sollten wir uns aber vergegenwärtigen, wieso es sich um einen Ersatzglauben handelt.

Nachdem der Mensch Hunderttausende von Jahren heidnisch geglaubt und gelebt hatte, wurde er während des Aufbaus des römischen Kaisertums nach der Zeit Octavians von einem ganz und gar neuartigen Glauben überrascht und schliesslich zu ihm gezwungen.

Während das Heidentum den Menschen stets als Eindringling in die Natur auffasste und den Menschen darauf verpflichtete, Abbitte zu tun, indem er die grundlegenden Phänomene der Natur vorzeigt und zelebriert, darunter die Fertilität, die Zyklizität und das Prinzip von Kohabitation und Verdrängung, brachte der Mensch einen Kult in die Natur ein, eine Handlung zur Erhaltung, zur Wiederaufrichtung und zur Herstellung *dessen, was sich zeigt.* Dass die Natur einem einzigen Gott unterstehen könnte, erschien dem Heiden weder plausibel, noch notwendig. Vielmehr erfand er eine komplexe Schöpfungsgeschichte, an der zahllose Geister und Gottheiten beteiligt waren. Sie waren es jedoch später nicht, die das Leben des Menschen bestimmten oder sich dieses unterwarfen. Der Mensch war lediglich dazu verpflichtet, das Schöpfungsergebnis zu feiern, es zu nutzen, aber auch wieder neu herzustellen im Rahmen kultischer Handlungen an und in der Natur. Dieser heidnische Glaube war zutiefst ein Glaube an die intrapsychische Polyade, an das psychische «Draussen» und an die Begegnung mit dem Anderen, der fundamental ein Gleicher ist.

Der neue Glaube, der während der Herrschaft des Tiberius im Reich rund um das Mittelmeer aufkam, und der, wie der Islam heute, auf Migration und Predigt beruhte, negierte den heidnischen Weltaufbau und verteufelte ihn radikal. Vielmehr stehe der Mensch, so hiess es nun, ausschliesslich *Gott* gegenüber, einem metaphysischen Wesen mit Allmacht in jeder Beziehung, der nicht nur alles erschaffen habe, sondern auch alles bewerte und richte, und der den Menschen zum Zwecke schuf, sich von ihm verehren und bestätigen, nicht aber belehren oder beraten zu lassen. Dieser Glaube war von Anfang an ein solcher im psychischen «Drinnen». Der Mensch steckte unter einer riesigen Glocke, die Gott um ihn herum bildet, aus der er nie herauskommt. Der Mensch vermag Gott bloss zu befriedigen oder zu erzürnen. Dieser Gott muss als *kosmischer Narziss* bezeichnet werden. Sein Leib ist so riesig wie das Universum. Was darin ist, hat kein Eigenleben, es sei denn, durch ihn und für ihn. Wagt es, sich dagegen aufzulehnen, folgen drakonische Strafe, Tod und Höllenqualen.

Dass es überhaupt möglich war, den alten, heidnischen Glauben innerhalb einer Hochkultur durch diesen neuen zu ersetzen, verweist auf das grösste aller je begangenen Verbrechen. Es trennte den Menschen von der Natur radikal ab, nahm ihm sein kultisches Amt in und für diese Natur und unterwarf ihn der ewigwährenden Sklaverei. Wenn die Indianer den «Weissen» vorwarfen, dass deren Glaube und sie selbst die Erde und ihre Beseeltheit mit Füssen träten, ist dies kein zutreffendes Statement, sondern eine naive Mogelpackung. So sind wir geworden! So waren wir nicht. Niemand in der «weissen» Welt war vor dem Christentum so, wie es die Indianer an den «Weissen» feststellen mussten. Nicht die «Weissen» hatten und haben keinen Bezug zur Natur, sondern ihr Glaube, der als ein Egotheismus ihren uralten Naturglauben eliminiert hatte. (Ur-)Heidnische Europäer, die Amerika entdeckt und besiedelten, hätte es sie denn gegeben, hätten in Amerika etwas ganz anderes entstehen lassen, als es christliche Europäer tun mussten, um ihrem Glauben treu zu sein.

Auf dass der Mensch nie mehr aus der Finsternis der Sklaverei Gottes herausfinde, beschrieb man den Gotteskosmos von Anfang an zirkulär. Man erhob das Erweckungserlebnis, das Bekehrungserlebnis zur *conditio sine qua non.* Der Glaube bezeugt und begründet sich selbst, exemplarisch in den Propheten des Alten Testaments. Fragte man sie, woher ihr Wissen stammte, antworteten sie: von Gott! Und fragte man, woher diese Gewissheit käme, antworteten sie auch: von Gott! Wer das noch nicht selbst erfahren hat, kann nicht mitreden, ist aber in der Zirkulärbegründung des Glaubens bereits «erklärt» und gilt bereits als «verworfen», bevor man seine Argumente angehört hat.

Diese einmalige Entmachtung aller Sachlichkeit, des Objektbezugs an sich, der Pflicht zur Untersuchung und zur Vermeidung zirkulärer Begründungen nennt man bis heute pauschalisierend «Religion». Alles andere sei Aberglaube. Man verlässt somit heute auch im Säkularen den Zirkel nicht, sondern bleibt dem kosmischen Narzissmus inhärent. Auch der säkulare Diskurs bleibt über die Ethik letztlich zirkulär. Tritt eine weitere egotheistische Religion auf den Plan, wie jetzt der Islam, sind die Schwerter des Westens stumpf. Dieser neue Egotheismus wird leichtes Spiel haben, nicht weil er über stichhaltige Argumente verfügt, sondern weil es kein Argument mehr gibt gegen ihn. Wir wissen es nur nicht mehr, weil wir eingeschlafen sind, seit wir das Christentum marginalisieren konnten. Doch überwunden haben wir es nicht. In der Menschenrechtsethik, dessen monistischer Stellung und in der Shoa wirkt die egotheistische Verhaftung fort und wird unsere Abwehr gegen den Islam zur kraftlosen Illusion.

Auch das intelligenteste System der Menschheitsgeschichte kann also jederzeit durch das dümmste abgelöst werden. Davor zittert der Mensch im Westen, ohne genau zu wissen, was er weiss. Darum rückt er zunehmend nach rechts, denn dort regt sich uralter heidnischer Restwiderstand rund um Sache und Sachlichkeit. Er wird nicht ausreichen, doch er ist eine Hoffnung für die halbfreie Seele des postmodernen Menschen. Marxisten können das nicht verstehen, und wir wissen nun wieso.

Sie haben das noch nie so gesehen? Es erstaunt Sie, dass man das so einfach auf den Punkt bringen kann, was Sie immer schon ahnten, aber nie zu durchblicken vermochten? Das war und ist beabsichtigt. Nicht durch eine Verschwörung überrumpelt, sondern durch diesen Glauben selbst, der die gesamte Schöpfung zu einer Konspiration erhebt, an der teilzunehmen Pflicht ist, sind Sie innerlich gefesselt. Das ist Ihre Kastration.

Nun haben Sie aber angefangen, ohne dass es Ihnen bewusst wurde, aus dieser universalen Konspiration «Gottes» auszusteigen, über zwei Jahrhunderte hinweg, unter peinlicher Beschränkung auf Blumen, Gesteine und Massekörper, damit nur ja nicht der Verdacht aufkommen konnte, Sie hätten sich ins Heidentum zurück verabschiedet. Doch haben Sie und die Ihren in diesen zweihundert Jahren derart Gigantisches geleistet, dass Sie und Ihre Welt nun an einem Punkt angelangt sind, wo sie «Gott» so nicht mehr brauchen, ausser angesichts des nahenden Todes, wegen des Trostes auf eine wie auch immer gestaltete Nachwelt, demnach zur Pflege eines fast unumgänglichen Wahns. (Ganz unumgänglich ist er nicht. Meine Grossmutter zum Beispiel verjagte den Pfaffen von ihrem Sterbebett, mit Heuchlern wollte sie, selbst sterbend, nichts zu tun haben.)

Nachdem sich im Zuge des aufkommenden, schrankenlosen «Amerikanismus» – man nannte es damals noch nicht Kapitalismus -, zeigte sich schon recht bald, dass die Natur, die Ihnen wieder zum Begriff geworden war, Gefahr lief, überrollt und zerstört zu werden. Zunächst sprachen davon Altkonservative, die gegen die «Industrialisierung» waren, dann bemächtigten sich des Themas Naseweise und Narzissten, die unter anderem den *Club von Rom* gründeten, die den Stab schliesslich den Linken übertrugen, welche seither das Thema Ökologie, wie es nun heisst, als das ihre ansehen, als sei das das Logischste von der Welt.

Doch auch sie wurden überrollt, durch das, was man die Klimaerwärmung nennt oder den Klimawandel, und durch die monokausale Erklärung, dass sie auf menschgemachten CO_2-Ausstoss zurückgingen.

Die Natur wurde somit wieder, diesmal im planetaren Massstab, in Gestalt der Erdgöttin selbst, mantisch tätig und fing an zu orakeln. Dadurch stehen Sie nun im Spannungsfeld zwischen zwei religiösen Erklärungen der Welt. Noch sind Sie Christ oder Jude, ggf. Muslim, doch bereits fangen Sie damit an, das uralte Heidentum kultisch neu zu beleben, entschieden an Gott vorbei.

Das glauben Sie nicht? Dann fragen sie sich doch einfach: Könnte der Klimawandel nicht *von Gott* sein? Und wäre das Aufbegehren dagegen dann nicht eitel, vergeblich, ja blasphemisch?

Haben Sie schon davon gehört, dass sich unsere Intelligentsia solche Fragen stellte, bevor sie dem Fräulein Greta hinterherzulaufen begann? Nein, und es ist auch ganz und gar so: Auch die Kirche selbst hat sich da nichts überlegt! Sie kam nicht einmal auf die doch naheliegende Idee, der Klimawandel könnte *von Gott* sein, und dass es uns daher nicht zustünde, ihn zu deuten oder gar verhindern zu wollen. *Gott hat nie jenes Evangelium gepredigt, welches dazu berechtigt, einen Klimawandel umdrehen zu wollen.* Denn Gott hat sich nie für seine Schöpfung anders interessiert, als dass er unsere Seelen retten will. Indem wir seinen Schriften Folge leisten, nicht, indem wir seine Werke verändern. Weder durch Industrie, noch durch Klimaschutz, tun wir, was er will. Solchen Fragen stellten sich die Kirchenvertreter nicht. Sie sind daher alle von Gott abgefallen. Noch wissen sie es nicht, doch wird es ihnen vorgeführt werden. Durch die Ereignisse – und durch den Islam.

Was ist passiert? *Ein Jahrtausendwunder! Das Heidentum ist zurück! Das Christentum ist im Westen überwunden.* In der Klimabewegung und in den Klimamassnahmen der Politik und Wirtschaft hat sich klammheimlich der uralte Kult um Fertilität und Zyklizität, um die Wiederherstellung der Natur, unseres Geistes bemächtigt. Und wir sind wieder Kultpriesterinnen und -priester und jene Symbolhandelnden, durch deren Gedanken und Massnahmen die Natur genesen soll.

Nicht durch Gott und nicht für Gott, aber auch nicht gegen Gott. Denn Gott ist – vorerst - aus dem Spiel. Die katholische Kirche ist – von der protestantischen hört man nichts mehr - eingebrochen, der Papst empfing vor wenigen Tagen die Priesterin des Naturkults in Rom und bat sie, für ihn zu beten. Nicht er würde für sie zu beten haben, nein, sie für ihn.

Vermeintlich immer noch in Christo. Deutsche Bischöfe schwärmen von Greta als einer Prophetin biblischen Ausmasses. Denn sie am allerwenigsten können von ihrer tradierten Symbolik lassen. Wir aber, Sie und ich, wissen nun, dass es Heidentum ist, dass Greta eine jener Priesterinnen ist, wie etwa die Pythia oder die Vestalin, oder wie die Priesterinnen von Avebury oder Stonehenge, die keinen «Gott» brauchten.

Merkwürdigerweise kommt diese Rückkehr zu den alten Wurzeln heidnischen Glaubens aus Schweden. Doch ist auch das nicht so unlogisch, wenn man die Geschichte kennt.

Schauen wir uns nun aber an, wie heute über dieses Phänomen gesprochen wird. Wir merken, dass darüber nicht so gesprochen wird, wie die Dinge liegen, sondern unter Verwendung einer Semantik und einer Logik, die beide immer noch

einem Monismus angehören, jenem von Marx und Engels.
Das folgende Interview gibt davon einen guten Eindruck.[9]

«Das Thema der nächsten Klimademo (siehe unten) lautet
«Klimagerechtigkeit». Was versteht ihr darunter?

Andri: Es ist absolut zentral, dass wir die Klimakrise immer auch aus einer sozialen Perspektive betrachten. Die Welt
ist schon heute geprägt von sozialer Ungleichheit. Der Klimawandel wird dieses Problem enorm verschlimmern. Denn
während wenige reiche Industrieländer für einen Grossteil der
globalen Emissionen verantwortlich sind, werden vor allem
arme Länder aus dem globalen Süden die verheerenden und
teuren Konsequenzen tragen müssen.»

*Mein Kommentar: Die Klimakrise war überhaupt nur möglich als
Folge der erst nationalen, dann kontinentalen und jetzt globalen Wohl-
fahrtpolitik und -ökonomie. Grundlage dazu war seit 1789 - und ist es
erst recht seit 1945 - der menschenrechtliche Monismus, der vorschreibt,
dass es nichts geben dürfe, was ein Individuum daran hindern könnte, all
das auch zu bekommen, was andere Menschen hervorgebracht haben.
Nicht die technische Zivilisation oder der Kapitalismus sind in diesem
Sinne schädlich, sondern die Verallgemeinerung des Wohlfahrtsan-
spruchs. Die Katastrophe droht dann, wenn die Globalisierung des Wohl-
stands wirklich gelingt. Wir sind heute auf dem Weg dorthin. Deshalb*

---

[9] Schurter, D., Junge Klimaaktivisten: «Es ist viel mehr möglich,
als man uns weismachen will», Watson.ch, 02.04.2019

stimmt es längst nicht mehr, dass die «reichen Industrienationen» für die Emissionstotalität verantwortlich sind. Heute sind es China, Indien, Indonesien, Mexico und Brasilien, die den entfesselten Wohlfahrtsanspruch am «schmutzigsten» umsetzen. In Afrika und Südamerika hingegen wird der archaisch geprägte Massenverbrauch (von Technik, Produkten und Landressourcen) ohne die entsprechende Produktivität und des dazu notwendigen Bewusstseins der entwickelten Länder zum ebenso schwerwiegenden Beitrag in Sachen Veränderung des Habitats.

«Hanna: Wir in der Schweiz stehen deshalb moralisch in der Pflicht, jetzt alles zu geben beim Klimaschutz. Ausserdem haben wir gesehen, was geschieht, wenn man Klimapolitik auf Kosten der Schwachen macht. Die Gilets jaunes sind aus einer schlecht durchdachten Klimaabgabe entstanden.»

Auch das ist falsch. Klimapolitik wird nicht auf Kosten der Schwachen gemacht. Überhaupt wird nirgends Politik auf Kosten der Schwachen gemacht. Diese «Schwachen» haben heute - unterstützt durch die westliche Kritik – tatsächlich die Macht auf dem Planeten. Was sie nicht übernehmen wollen, ist jedoch der Geist der modernen Produktionsgesellschaft, das heisst, die Verpflichtung zur Eigenleistung als Vorbedingung des Genusses. Sie wollen einzig und allein den Leistungserfolg und ihn in ihre mittelalterlichen, zum Teil postneolithischen Kulturen einpflanzen. Echte Klimapolitik bedeutet vor diesem Hintergrund nicht, dass «wir» weniger machen, sondern «sie» mehr machen und jene Verantwortung übernehmen, die «wir» uns heute selbst auferlegen wollen. Diese Übernahme durch «uns» ist ein neuerlicher, imperialistisch-suprematistischer Gestus. Er wird nichts bewirken, was das Globale angeht, ausser eine weitere Machtverschiebung weg vom Westen. Damit sinkt die Wahrscheinlichkeit weiter, dass man im Nichtwesten westliche Zivilisiertheit übernimmt. Am Ende wird die ganze Welt nur noch «fordern», und «wir» werden unter dieser Last einbrechen.

«Was erwidert ihr Kritikern, die sagen, Klimagerechtigkeit klinge zwar gut, doch sei das Leben an sich ungerecht? Natürlich ist es das – ändern wir es! Genau solche Menschen sind das Problem. Menschen, die alle Hoffnung und allen Mut begraben haben und das Realismus nennen. Was wir nun brauchen, sind keine düsteren Prophezeiungen, sondern mehr Glauben an eine lebenswerte und bessere Zukunft. Es ist viel mehr möglich, als man uns weismachen will.»

Nein, dieses Rezept hat noch nie funktioniert, ausser dass es uns gegenseitig an unseren Achselhöhlen riechen lässt und dadurch eine gewisse kollektive Trance entsteht, die sich geil anfühlt. Jeder wirkliche Fortschritt war zu allen Zeiten das Ergebnis ultimativer Genauigkeit, ultimativen Realismus, ultimativer Hinwendung zur Wahrheit und ultimativer, individueller Leistung. Ohne dies entsteht unter Hominiden nichts als nur Paarungsgewusel, Schlägerei, Geprotze und Abfrass der vorhandenen Ressourcen, bis Weiterzug die einzige Lösung ist.

«Die Industrienationen sind für den Klimawandel verantwortlich – und die armen Länder im Süden leiden am meisten unter den Folgen. Was soll die reiche Schweiz tun? Die Schweiz muss die Verantwortung, die sie trägt, endlich verstehen und wahrnehmen. Wir leben auf Kosten von Menschen in Entwicklungs- und Produktionsländern. Es heisst oft, ʼja die

Schweiz ist doch so klein'. Dann sollte es doch kein Problem sein, jetzt ruckzuck auf netto null zu gehen und dann Ländern mit viel schlechteren Voraussetzungen und weniger Mitteln unter die Arme zu greifen.»

Das Verräterische an der jetzigen Klimadiskussion ist die permanente, mantrisch vorgebrachte Verquickung von Ökologie und Antikapitalismus. Dass wir auf Kosten anderer leben - wenn es denn wirklich der Fall ist -, hat überhaupt nichts mit den heutigen, planetaren Problemen der Ökologie zu tun. Die ökologischen Probleme sind ausschliesslich das Ergebnis einer gigantischen Mengenausweitung von Technikfolgen - erst im Westen und jetzt global -, und diese ist ausschliesslich die Folge des menschenrechtlichen Monismus und der aufgeklärten Wohlfahrtsphilosophien des achtzehnten und neunzehnten Jahrhunderts, wo noch niemand auch nur ahnen konnte, welchem Titanismus der Mensch dereinst auf dieser Basis huldigen würde.

«Lehnt ihr eigentlich den Kapitalismus grundsätzlich ab? Und falls ja, was für ein wirtschaftliches System würdet ihr bevorzugen? - Diese Frage diskutieren wir in der Bewegung täglich und die Meinungen gehen weit auseinander, wir sind eine diverse Bewegung. Wichtig ist jedoch, dass nicht nur wir anfangen, die bestehenden Strukturen zu hinterfragen, sondern alle. Die Klimakrise ist ein so grosses Problem, dass es fahrlässig wäre, sich nicht auch die grundlegenden Fragen zu stellen und damit den grössten Teil der möglichen Lösungen auszuschliessen. Denn in einem sind wir uns alle einig: So wie bisher kann es nicht weitergehen.»

Wer alle Grundlagen in Frage stellt, dazu jedoch das kritische Rüstzeug der marxistischen und neomarxistischen Intellektualität verwendet, wird scheitern. Er wird am Ende einem ökologisch ausgerichteten Kapitalsozialismus das Wort reden, der die wahre Ursache der Klimaveränderung sogar noch stärken wird. Dieser neue Sozialismus zementiert die globale Wohlfahrt endgültig und damit den Anspruch eines jeden Menschen auf der Erde, für sich im Prinzip denselben Alimentationsgrad einfordern zu dürfen wie die Luxusklasse, und der jeden Verstoss dagegen als Menschenrechtsfall höchstgerichtlich beurteilen lassen darf. Was man uns heute also verkaufen will, ist Sozialismus, der sich über den ökologischen Hebel des Kapitalismus entledigt, nicht jedoch der Technikfolge selbst. Doch das wird verschwiegen. Das Grundübel unserer Epoche, seit den Anfängen des Zwanzigsten Jahrhunderts, ist die Heilige Kuh der menschenrechtlich fundamentierten Allgemeinen Wohlfahrt. Solange diese Kuh unangetastet bleibt, muss man davon ausgehen, dass sich nichts ändern wird, ausser die Besitzverhältnisse.

«Welche konkreten Massnahmen braucht es als Nächstes von der Politik und Wirtschaft? Wir als Bewegung sehen es nicht als unsere Aufgabe, exakte wissenschaftliche oder politische Lösungen zu präsentieren, da uns dafür das Know-how und die Zeit fehlen. Es gibt einen Grund, warum unsere Gesellschaft von gewählten Vertreter*innen regiert wird, die sich theoretisch auf das Wissen von Experten stützen. Wenn genau das tatsächlich auch passieren würde, dann wären wir an einem anderen Punkt. Die Politik und die Wirtschaft müssen endlich aufhören sich zu fragen, ob man etwas ändern soll oder wann.

Das ist wissenschaftlich klar. Sie müssen sich endlich fragen, wie das zu schaffen ist.»

Das dokumentiert den Geisteszustand unserer heutigen, saturierten Bevölkerung im Westen. Ich habe ihre Gesellschaft eine des Kolosseums genannt. Der Gestus liegt hier im Fordern. Man bringe! Und zwar fordern diese Gesellschaften heute immediate Innovationen, schon nach wenigen Jahren auf massentauglichem Elaboriertheitsniveau, als könne man Menschen Genialität befehlen. Unsere Wirtschaft hat sich zwar genau diesen Typus Konsument über Jahrzehnte hinweg erschaffen. Doch tat sie es souverän, das heisst, sie baute diesen Typus auf, solange sie die Lösungen bereits in der Hinterhand hielt, dann zauberte sie sie hervor, und es verschoben sich in der Folge die Marktgewichte. Doch jetzt hat dieser Konsument selbst die Regentschaft über die Wirtschaft übernommen und fordert die Instantanlösung auch in Fällen, wo die Industrie nichts Massentaugliches in der Hinterhand hat. Die Kolosseumsbevölkerungen können nicht begreifen, dass es noch etwas gibt, das man nicht im Handumdrehen in die Metropole bringen kann. Im Falle Roms konnte der Kaiser diesem enormen Anspruch durch Plünderung fast immer genügen, bis alles kaputt war. In unserem Fall jedoch demontieren wir diese Fähigkeit, indem wir unsere eigene Industriewelt abbauen, sie unterversorgen, ihr den Nachwuchs entziehen oder, indem wir sie alimentieren mit Menschen, die dem Anspruch, den die Maschinerie an den sie Bedienenden stellt, nie und nimmer genügen können. Die heutige Forderungskultur erforderte im Grunde aber das exakte Gegenteil: einen industriellen Superkomplex und eine massive Förderung Höchstqualifizierter dort, wo die Maschinen stehen.

«Ihr sagt, die Älteren hätten es verbockt. Abgesehen von solchen Schuldzuweisungen, wie haltet ihr es mit der generationenübergreifenden Zusammenarbeit? Die älteren Generationen müssen aufwachen, dazu muss man manchmal etwas hart sein. Aber am Ende ist Zusammenarbeit absolut zentral. Die Klimakrise betrifft alle Menschen, egal ob alt oder jung. Wenn wir sie tatsächlich bewältigen wollen, müssen wir als Spezies zusammenhalten und alle Grenzen, von Ländern und politischen Meinungen über Geschlechter bis zur Hautfarbe oder dem Alter, überwinden. Wir überleben gemeinsam oder gar nicht.»

Das ist die alte Reichsromantik. Das Reich löst alle Probleme der Nation. Die Grosse Gemeinschaft, geheiligt durch den Geist der Gemeinsamkeit! Und immer geht es um eine gewissen Endzeitlichkeit, um Aufstieg oder Untergang. Früher ging es um das Reich der Seelen, heute um das Reich der Körper, dessen «Geist» das Klima ist, das uns favorabel bleiben soll. Eine säkularisierte Religion.

«(...) Ihr habt wiederholt betont, dass ihr euch nicht (von Parteien) für politische Zwecke instrumentalisieren lassen wollt. Wie seht ihr das im Hinblick auf die nächsten eidgenössischen Wahlen im Oktober 2019? Das wäre ja eine grosse Chance, um viel zu verändern? - Wir glauben fest daran, dass wir in der Notlage, in der wir nun einmal sind, alle zusammenhalten müssen. Die Klimakrise ist keine Glaubensfrage und macht nicht halt an parteipolitischen Grenzen. Deshalb werden wir auch weiterhin keine Parteien unterstützen. Doch das müssen wir auch gar nicht. Unsere Aufgabe ist es, die Menschen aufzuwecken, ihnen Hoffnung und Mut zu geben und eine andere Art zu leben aufzuzeigen. Dann sind sie ganz von alleine in der Lage zu entscheiden, wer oder was richtig ist für unsere Zukunft.»

Man hat also eine Notlage eruiert, und nun sind alle Mechanismen automatisch klar: Mobilisierung, Disziplinierung, Ziehen in den Kampf und Obsiegen! Zwar hat man überall den Militarismus ausgetrieben, doch huldigt man seinem Geist im Uneigentlichen, im Ungenauen und Toleranten, man will keineswegs eine Armee gegen das Klima, sondern ein Gewusel, ein Gewusel sich liebender, sich helfender Individualisten, die sich aneinander wärmen und begeistern, wie die alten Völker, wenn sie aufbrachen, um zu wandern. Die eiserne Klammer der Zivilisation ist weg, das Archaikum tritt wieder auf den Plan. Doch bleibt der Anspruch der Hochzivilisation bestehen, er wird nicht zurückgenommen. Alles soll bleiben wie es ist, keineswegs wollen wir auf das Niveau des Jahres 1000 absteigen, doch alles, was dazu notwendig war und ist, müsse dennoch verschwinden. Von jetzt an liesse sich die Riesenmaschine mit dem Geist und der Disziplin urtümlicher Volkschaften reproduzieren, die es auch nicht mehr so genau nähmen, die auch Alternativen gelten lassen würden.

«Wo findet die Klimademo am 6. April statt? - Laut den Klimademo-Organisatoren wird am nächsten Samstag, 6. April, in zahlreichen Kantonen demonstriert. Sie verweisen auf ihre Website, klimademo.ch, dort finde man alle wichtigen Infos, inklusive Orts- und Zeitangaben.»

Und dann fällt diesen Leuten immer nur jenes eine Mittel ein, das Zeit meines Lebens die Nachrichten geprägt hat: Eine Demo. Die Demo bedient das kleine Reich, ist die kleine Wanderung, liefert das kleine Kameradschaftserlebnis. Ist Vorgriff auf das grosse Reich, die Weltwanderung und das allgemeine Verbrüderungsereignis aller Menschen. So wie der Gottesdienst Vorgriff auf das Gericht ist.

Linke versuchen, die Klimabewegung auf den sozialistischen Weg zu bringen: «Am Freitag werden wieder Tausende Jugendliche für Klimaschutzmassnahmen auf die Strasse gehen. Linke Kreise versuchen, die Bewegung auf einen antikapitalistischen Kurs zu bringen.»[10]

Dabei fragen sie: «'Sind die 68er Vorbilder für euch?' Mit solchen hoffnungsvollen Fragen wenden sich Altlinke derzeit an jene jungen Leute, die am Freitag wieder zu Tausenden für staatliche Klimaschutzmassnahmen auf die Strasse gehen werden. Die Antworten sind bisher zwar eher distanziert ausgefallen – sie reichen gemäss einem Interview der Gewerkschafts-Zeitung «Work» von «nicht wirklich» bis zu «wenn wir unsere Forderungen durchsetzen, dann wären die 68er ja ein Klacks dagegen» –, doch die Hoffnungen, dass da eine neue antikapitalistische Jugendbewegung entsteht, kommen nicht von ungefähr. Die «Klima-Schüler» legen bis jetzt grossen Wert darauf, als politisch unabhängige Bewegung wahrgenommen zu werden, die sich von niemandem vereinnahmen lässt und weder einzelne Parteien noch einzelne Personen unterstützt. Ebenso wird gerne betont, dass Umweltschutz keine

---

[10] Scherrer, L., https://www.nzz.ch/schweiz/klimastreik-der-streit-um-den-gruenen-kapitalismus, 14.03.2019

Frage von «links» oder «rechts» sein sollte. Gleichzeitig gibt es innerhalb der heterogenen Klima-Bewegung eine starke linke Strömung, zumal dort viele Vertreter der jungen Grünen, der Jungsozialisten und anderer links-grüner Organisationen aktiv sind – darunter bekannte Gesichter wie der Jungsozialist Dimitri Rougy, der bereits das gescheiterte Referendum gegen Versicherungsdetektive mitinitiiert hat und für ein linkes «Campaign Camp» arbeitet. Zu dessen Kunden gehören nicht nur NGO-Aktivisten und Gewerkschafter, sondern auch einige «Klima-Schüler». Nach Ansicht vieler Klima-Aktivisten braucht es für einen ökologischen Wandel mehr als höhere Flugpreise oder Appelle an die Wirtschaft, auf «schmutzige» Investitionen zu verzichten. Vielmehr wollen sie mit den Umweltsünden gleich noch den Kapitalismus abschaffen, weil dieser mit seinem Wachstumszwang und Profitstreben die Wurzel allen Übels sei. «Wirksamer Umweltschutz ist im kapitalistischen System nicht möglich», sagt Nadia Kuhn, Präsidentin der Zürcher Jungsozialisten. Auch alle bisherigen Hoffnungen auf Einsicht und Eigenverantwortung hätten sich zerschlagen. Persönlich schwebt ihr deshalb ein demokratischer Prozess vor, in dem alle zulässigen Bedürfnisse von Mensch und Natur ausgehandelt werden: «Wir müssen uns darüber klarwerden, was wir brauchen und was wir wollen.» Auch Luzian Franzini, Co-Präsident der Jungen Grünen, plädiert für einen öko-sozialistischen Umbau, zumal er ein nachhaltiges Wirtschaftssystem innerhalb der «neoliberalen Marktwirtschaft» für unmöglich hält. Bisher hat die basisdemokratisch organisierte Klimastreik-Bewegung allerdings bewusst darauf verzichtet, die Systemfrage zu stellen. Stattdessen kam eine Mehrheit an einer nationalen Konferenz nach intensiven Diskussionen zum vorläufigen Schluss, dass ein «grüner» Kapitalismus möglich sein sollte. Und so beschränkt sich die Bewegung vorerst auf wenige Hauptforderungen: Die Schweiz soll den nationalen «Klimanotstand» ausrufen und die Treibhausgasemissionen im Inland bis zum Jahr 2030 auf null reduzieren. Wenn diese Forderungen nicht erfüllt werden, soll die von den Linken geforderte «Systemfrage» jedoch gestellt werden. Da die Sache mit den Treibhausgasen reichlich ambitioniert ist, dürften die Verfechter eines «grünen Kapitalismus» schon bald unter Druck geraten. Sicher ist: Die Frage, ob der Kapitalismus verschwinden muss, damit die Welt am grünen Wesen genesen kann, beschäftigt (und spaltet) die Ökobewegung seit Jahrzehnten. Dies auch, weil marxistische Berufsrevolutionäre aus den Progressiven Organisationen (Poch) oder der Revolutionären Marxistischen Liga in den 1970er Jahren plötzlich ihr grünes Herz entdeckten und die Anti-AKW-Bewegung in ihrem Sinne zu beeinflussen versuchten. Nach dem Ableben ihrer Parteien sorgten die «Melonengrünen» (aussen grün, innen rot) für einen markanten Linksruck bei der Grünen Partei, was später die Abspaltung der «bürgerlichen» Grünliberalen begünstigte. Auch die Überbleibsel der ausserparlamentarischen und radikalen Linken versuchen bis heute, umweltpolitische Forderungen als Vehikel für einen sozialistischen Umbau der

Gesellschaft zu nutzen. Entsprechend haben sie es darauf abgesehen, neben Jungsozialisten und jungen Grünen in der Klimastreik-Bewegung mitzumischen. So hat die «Bewegung für den Sozialismus» in Zürich eine Nachdemonstration angekündigt, bei der man «den Klimasündern in die Beine ginggen» will. Auch bei dem gewaltbereiten, antidemokratischen «Revolutionären Aufbau» und seiner «Revolutionären Jugend» stehen die Klimastreiks auf der Agenda, nach dem Motto «Umweltzerstörer angreifen – für ein revolutionäres Klima». Die Auftritte von Linksextremen haben offenbar für vereinzelte Diskussionen gesorgt, gewähren lässt sie die Klima-Jugend trotzdem, sofern sie sich an eine kürzlich verabschiedete Charta halten. Darin werden gewalttätige Aktionen genauso abgelehnt wie beleidigende Angriffe auf politische Gegner. Mit ihrer antiquierten Ideologie erinnern die Linksextremisten zumindest daran, dass Systemwechsel nicht unbedingt ein Segen für die Umwelt sind. So hat die Revolutionäre Jugend 2017 eine «Mao-Konferenz» organisiert, um die Ideen dieses vermeintlich genialen kommunistischen Steuermanns wiederaufleben zu lassen. Der liess in seinem Wahn allerdings nicht nur Millionen Menschen, sondern auch zwei Milliarden Spatzen töten. Die Folge waren eine rasante Vermehrung von Schädlingen und eine ökologische Katastrophe, unter der China bis heute leidet.»

Wie wir sehen, spielt sich in der Politik, selbst nach einem halben Jahrhundert, immer wieder das gleiche Theater ab. Seit den Sechzigern handelt es sich um ein Muster, von dem Linke bis heute restlos überzeugt sind. Das Erstaunliche daran ist, dass für alle Linken der realexistierende Sozialismus, der ökonomisch gewütet und geradezu saugleich gehaust hat, gar nie existiert zu haben scheint.

Das Marx-und-Engels-Programm, in den Gewändern des Leninismus und des Maoismus, hat versagt. Daran besteht kein Zweifel. Trotzdem schaffen es Linke immer wieder, so zu tun, als zählten in dieser Welt nicht die Hekatomben, sondern nur die Rosa Luxemburgs, die Trotzkis und die Che Guevaras, als bedeute Sozialismus den konstanten Aufbruch ins Globalmenschliche, *wozu man die Wirklichkeit schliesslich einfach dekretiere*, nicht etwa abhole, wo man sie *neu erfinde*, stark vereinfacht freilich, und nicht etwa befrage.

Im Linken steckt ein tiefer Glaube daran, dass man sich die Mühen des Logico-Empirismus sparen könne. Dass all die Versuche der Nichtlinken zu weit hergeholt seien, dass deren Betonung der Marktwirklichkeit und des Substanzpluralismus künstlich sei. Man könne einfach hingehen und einvernehmlich – oder auch revolutionär-gewaltsam – alles neu verteilen und stetig wieder ausgleichen, und alles laufe weiter wie bisher.

Als wüchsen die Traktoren auf den Bäumen, oder befehle Stalin ihren Bau, aber doch bitte nicht die Wirklichkeit selbst, der man sich erst mühsam anpassen müsse, um herauszufinden, wie sie arbeitet. Die Wirklichkeit sei nicht zu befragen, denn alles Gültige sei bereits bekannt, Marx und seine Follower - und nicht zuletzt die Kritische Theorie – hätten ja alles längst ausgelotet und kartiert. Der Gegner sei nur darauf aus, seinen Gewinn zu privatisieren, mehr stecke hinter dem Kapitalismus nicht.

Selbstverständlich gehört vor diesen Hintergrund auch der Klimawandel und gehört die Klimapolitik den Linken. Etwas, was sich zum Schlechten für den Menschen entwickelt, sei *per definitionem* die Machenschaft eines Kapitalismus, und erst recht, wenn diese Veränderung Milliarden von Verlierern hinterlasse, wie man sich linkstraditionalistisch ausdrückt. Überall dort, wo einer kleinen Gruppe von Gutgestellten eine Masse von Wenigergutgestellten gegenüberstehe, sei die Handschrift des Kapitalismus unverkennbar.

Doch ist das nur dumm. Man wird in einigen Jahrtausenden, wenn man die nötige Distanz zu unserer Epoche besitzt, die Idiotie dieser Ideen mit Händen greifen können. Niemand wird noch verstehen können, wieso es so viele Linke gerade zu jener Zeit gegeben hat, wo die Hochzivilisation brummte!

Ich will Ihnen hier aber noch etwas anderes sagen. Ich möchte Ihnen verständlich machen, dass die Linke nicht nur dumm ist, sondern radikal einfallslos. Sie merkt nicht, welche Möglichkeiten die jetzige Zeit birgt, sie versteht das smenokratische Programm selber am wenigsten, obschon sie es fördert. Der Kapitalsozialismus ist ihr haushoch überlegen - und damit immer auch das System der *Offenen Gesellschaft*. Anstatt den Kapitalsozialismus konzeptionell weiter auszuarbeiten, kommt die Linke immer wieder mit dem alten Versuch, den Kapitalismus abzuschaffen und durch einen Sozialismus zu ersetzen. Auch die Grünen durchschauen das Programm, dem sie aufsitzen nicht. Sie werden es am Ende verscherzen.

Wer hingegen die Möglichkeiten erkennt, die sich heute der Klimadebatte bieten, sind die Rechten. Sie erkennen die Gefahr. Darum optieren sie gegen die Theologisierung der Debatte in der *Climatology*, sind aber nicht gegen die Tatsache einer globalen Erwärmung, halten sie aber nicht für menschgemacht. Und wer diese Möglichkeiten auch längst erkannt hat, ist die Nomenklatura der Offenen Gesellschaft.

Es gibt noch eine weitere Instanz, die versteht, was heute abgeht. Sie wird seit 1945 systematisch totgeschwiegen. Es ist der *Instinkt* der Menschen. Der heutige Mensch *riecht* die Situation förmlich. Er hat bereits damit angefangen, den Acker zu bestellen und ernennt Zauberer und Priesterinnen, abseits von Kapitalismus und Sozialismus, die sich mit der Natur in Verbindung setzen, sie befragend und versöhnend.

Eine solche Priesterin ist Greta Thunberg. Fraglos eine herausragende Gestalt unserer jüngsten Geschichte. Hinter ihr steckt eine mächtige Familie und deren Kapitalinteresse. Doch ist das in solchen Fällen immer so und bedeutet nichts.

Greta selbst überzeugt, ob nun als Obdachlose oder als Luxuskind. Denn sie tritt dem heutigen Menschen direkt vor sein Angesicht und spricht ihn direkt an, gibt ihm zu verstehen, dass sie ihn begriffen habe. Es stimmt, wie ein Bischof neulich verlauten liess, dass sie «wie Jesus» sei. Sie besetzt dessen leeren Sessel. Sie neigt sich der Natur zu und dem geringsten ihrer Zuhörer gleichermassen.

Linke können diese Dynamik nicht aufnehmen, weil sie den Instinkt leugnen und verlachen. Sie leugnen und verlachen jene Instanz, die sie schon hunderttausend Mal zu Fall brachte. Sie verlachen sie immer noch. Hörten sie damit auf und nähmen sie Gestalten wie Greta wirklich ernst, müssten sie ihren Karl Marx aufgeben. Ihr *eigener Instinkt* sagt ihnen, dass das für sie nicht gut wäre, dass ihr Verteilmodell der Welt dann herrenlos würde, ja bedeutungslos, dass der Fokus weg von der Ökonomie und hin zur Natur glitte, mit der sie nichts anfangen können. Natur ist etwas für die Rechte, etwas Metaphysisches, etwas Hinterwäldlerisches.

Und doch können sie derzeit ohne Greta nicht leben. Welche Lösung werden sie finden? Die gleiche wie seinerzeit, als sie die Blumenrevolution von 1965 zur Bewegung von 1968 machten. Sie usurpierten sie, bliesen sie maximal auf und verrieten ihren Traum, der ein dionysischer war, gänzlich apolitisch, hochtragisch, weil endlich und doch unendlich. Indem sie den Elan der Jugend in die Revolution gegen das Establishment umleiteten, nachdem die Jugend bereits vom Establishment Abstand genommen hatte, verrieten sie diese Jugend. Sie

führten die Freiheitstrunkenen wieder zurück und unterjoch-
ten sie, spannten sie vor ihren marxistischen Karren und trie-
ben alle in die Finsternis der sozialistischen Sophistik, die ewig
unfruchtbar ist.

Ähnliches wird wieder versucht. Die Climatology werden
die Linken erst einmal maximal aufblasen, an Greta vorbei, wie
damals an den Beatles und all den Barden, danach werden sie
ihre Ideologen hineinschicken, die Agenda übernehmen und
den ewiggleichen Kampf wiederaufnehmen, jenen gegen das
Kapital und gegen einen damit verbundenen Menschentypus,
den Bourgeois, der in unseren Breitengraden äusserlich immer
noch bemerkenswert «keltogermanisch» wirkt und oftmals radikal konservativ denkt. Dieser wird wieder zum Feindbild,
diesmal über den Topos des «alten weissen Mannes» oder die
Legende von den «weissen Suprematisten». Wir haben bereits
davon gesprochen. Die von diesem Typus geschaffene Wirklichkeit der Hochzivilisation wird als Argument gegen ihn ge-
wendet, als habe er daran keinen Anteil, sondern sei lediglich
ihr Usurpator.

Lesen wir zunächst den Quelltext: «Könnte ein Attentat wie in Christchurch auch in Deutschland passieren? Ja, sagt Kai Hafez, der seit fast 25 Jahren zum Bild des Islam in den Medien und zur Islamfeindlichkeit im Westen forscht. Im Interview mit der *Zeit* spricht er über die Islamfeindlichkeit in Deutschland. 'Wir haben da eine richtige Zweiteilung in unserer Gesellschaft: eine liberalere Hälfte und eine für Islamfeindlichkeit hochgradig anfällige Hälfte.' Er ist sich sicher: 'Die Islamfeindlichkeit bewegt sich in Deutschland nicht nur an den Rändern, sondern sie ist weit in die Mitte dieser Gesellschaft vorgedrungen.' Über 50 Prozent der Deutschen seien anfällig für Islamfeindlichkeit. Doch warum ist das so? 'Politisch erzeugen die klassischen Stereotype vor allem der Rechten vom gewaltsamen, fanatischen und frauenverachtenden Islam Angst und Ablehnung bei den Bürgern.' Kulturell betrachtet stelle unser Bildungssystem zudem kaum alternative Informationen zur Verfügung. 'Islamwissen in Schulen und auch in Teilen der Wissenschaft ist oft sehr mangelhaft.'»[11]

Dieser kurze Bericht enthält beinahe alles, was die Sophistik unter dem Dach der Nachkriegsdoktrin (NKD) ausgemacht hat. Ich bin davon überzeugt, dass jeder normale, westliche Leser den Text *unauffällig* findet, obschon er ihm nicht

---

[11] Focus Online, Islamforscher warnt vor Anfälligkeit für Islamfeindlichkeit, 23.03.2019

voll zustimmen möchte. Doch weiss er nicht, wieso er dabei ein Unbehagen hat. Er findet die Darstellung zu simpel, ohne diesen Eindruck erklären zu können. Denn er ist in einem System gross geworden, das ausschliesslich von der NKD bestimmt wurde. Nie hat er eine andere Fundamentaltheorie zur Kenntnis nehmen müssen, als jene der NKD.

Die NKD setzt sich zusammen aus Menschenrechtsstaatlichkeit, linksintellektueller Kritik im Dunstkreis der Marxismusrezeption, namentlich im Sinne der Kritischen Theorie, politischem Spinozismus auf Basis einer einzigen Substanz, des «nackten Einzelnen» und dem empiristischen Element der Shoa mit der prinzipiellen Unvergleichbarkeit nationalsozialistischer Massenmorde (politisch-ethische Singularität).

Sie ist die Metatheorie des Rechtstaates der Nachkriegszeit. Da sie monistisch ist, lässt sich mit ihr die Wirklichkeit aushebeln, die im Idealfall vollständig analytisch erklärt werden muss. Damit ist sie das konkurrenzlose Grundwerkzeug für die tiefgreifende Zensurierung von Logik, Empirie und Sprache. Zweite oder dritte Substanzen - etwa die Kultur oder gar die (nichtmenschliche) Sache selbst -, und damit der Primat von Wirklichkeit und Logik, entfallen vollständig.

Alle substanzverdächtigen Entitäten, die in Frage kämen, werden in der NKD attributiv verwaltet. Dabei geht man nicht nur vom nackten Einzelnen aus, sondern von der Tabula-rasa-

Lehre seines Geistes, die ihrerseits auf den Rousseau-Menschen zurückgeht, der von Natur aus «gut» sei und das Konzept des Eigenen nicht kenne.

Gegensätze (und damit Grenzflächen in der Debatte) sind nur als dialektische zugelassen, nicht als logisch-empirische, als die sie nur sekundär sein können, niemals aber primär. Der Marxismus hat eine vergleichbare Struktur, er ist dialektisch, weshalb in ihm jeder Bezug auf Logik und Empirie ins Grundlegende führt und niemals partikulär wird. Daher ist in ihm alles «revolutionär» oder «reaktionär». Andere Verortungen lassen sich in ihm nicht machen.

Die NKD ist, genau besehen, ein unreiner Marxismus, weil unter seiner Ägide der vorfindliche, pluralistische (nichtmonistische) Kapitalismus relativ frei schaltet und waltet. Die marxistische Sicht ist jedoch die, dass auch der Kapitalismus ein Monismus sei, dessen Substanz das Kapital (das Geld, das Eigentum) ist. Er wird vertreten durch den «sündig» gewordenen Rousseau-Menschen, der sich Besitz angeeignet hat. Der marxistische Abel geht unter der Ägide der NKD mit dem kapitalistischen Kain ein temporäres Zweckbündnis ein.

Dieses Zweckbündnis war die Basis für die westliche Selbstbehauptung im Kalten Krieg bis zu dessen Ende 1989. Darum schreibe ich an anderer Stelle, dass dies die Zeit des Moratoriums der ganzheitlichen Umsetzung der NKD gewesen war.

Nachdem die Sowjetwelt fiel und es nach einem Sieg des Kapitalismus aussah, zeigte sich jedoch bald, dass nicht der Kapitalismus gesiegt hatte, sondern der Marxismus. Er hatte sich seiner empirischen Verstrickungen entledigt und kehrte zurück zur reinen Lehre.

Doch hatte sich in der Zeit des Kampfes gegen den Nationalsozialismus ein Zusätzliches ergeben, was der reine Marxismus nicht zu erklären vermochte, weil er es theoretisch nicht kennen konnte, als er geschaffen worden war. Dieses Element ist die Shoa. Ein Menschenrecht war nun nicht mehr denkbar ohne seine Versiegelung mit der Shoa. Sie steht für die Unangreifbarkeit des Menschen in seiner Nacktheit und Vereinzelung, für den Primat der Instanz vor deren Objekt.

Der konkrete Einzelne geht seither dem abstrakten Einzelnen voraus. Damit steht die Welt auf dem Kopf. Das Partikuläre geht vor das Allgemeine. Die Folge für den Marxismus war, dass er nicht mehr als eine Erscheinung auftreten konnte, die mit dem bis dahin zentralen Konzept der Klasse oder der Masse operiert und deren Überwertigkeit dem konkreten Subjekt gegenüber. Das heisst, dass seine Revolutionsdynamik auf eine neue Basis gestellt werden musste. Es geht nun nicht mehr um Klasseninteresse, um Massenbewegung und um Stereotypen wie den Avantgardisten oder den Revolutionär.

Der Marxismus muss nun im Kapitalismus gleichsam aufgehen wie das Brot im Ofen, ohne sich ihm in den Weg stellen zu dürfen. Der Einzelne hat jetzt einen unendlichen Wert, auch jeder Kapitalist, jeder Mörder, jeder Perverse. Zusammenzufassen sind diese nicht mehr zu Einheiten, wie zu einer Masse, sie bleiben auf immer vereinzelt.

Nach dem Ende des Moratoriums präsentierte sich die NKD als die zeitgenössische Version des Marxismus und des (Neo-)Rousseauismus als ein Kapitalsozialismus. In diesem ist der Mehrwert, der weiterhin kapitalistisch generiert wird, damit er maximal wird, radikal umzuverteilen auf all jene Einzelnen, die nackt sind. Nacktsein bedeutet, dass man sich nicht - vor dem Hintergrund der zeittypischen Anforderungen - vollständig selbst alimentieren kann.

Die Umverteilung wird jetzt zum Geschäft, insofern immer grössere Teile der Bevölkerung davon leben, sie in Gang zu halten. Der Wirtschaftsumfang einer spezifischen Einheit (eines Landes) bleibt dabei erhalten, lediglich der im kapitalistischen Sinne produktive Teil daran nimmt kontinuierlich ab. Er wird auf jenes Mass heruntergefahren, das benötigt wird, um die Denkfalle eines echten Perpetuums zu umgehen. Das kann auf verschiedene Weise umgesetzt werden, auf die ich mich hier nicht einlassen will.

Doch kann dieser Wandel nicht anders wirken, als ein Kommunismus durch die Hintertüre, oder als ein utopischer Kommunismus. Das heisst, es fehlt ihm die Motivierungskraft für die moderne Bevölkerung. Diese will keinen wie auch immer gearteten Kommunismus mehr, sondern im Gegenteil einen wie auch immer gearteten, totalitären, individuellen Hedonismus unter Wahrung der fundamentalisierten Menschenrechtlichkeit. Sie will, dass dies zuerst hergestellt werde, und dass erst danach die Frage beantwortet werde, ob es nun Kommunismus bedeute. Sie will nicht zuerst einen Kommunismus, der danach als individualistischer Hedonismus funktionieren soll. Sie ist in der Tat bereits weiter.

Hier kommt die Ökologie ins Spiel. Die grüne Wende ist dabei nun essenziell. Denn hier taucht zum ersten Mal seit 1945 eine zweite Substanz ins Blickfeld, die aus dem politischen Spinozismus der NKD einen Dualismus machen könnte. Diese zweite Substanz heisst wahlweise Erde oder Natur oder Klima. In ihr verdichtet sich die seit 1945 vaporisierte *Sache* wieder zu einer mit dem nackten Einzelnen konkurrierenden Substanz.

Das Problem, das man sich damit schafft, liegt für den Kenner der NKD jedoch auf der Hand. Diese zweite Substanz kann nicht nur, sondern wird Situationen hervorzaubern, die geeignet sind, nicht nur die gottgleiche Stellung des nackten Einzelnen zu untergraben, sondern auch die Position der Shoa als dem Siegel des Menschenrechts zu erschüttern.

Damit das verhindert werden kann, drängen heute die Marxisten in die Ökologie und übernehmen die grüne Ideologie. Sie tun es hauptsächlich unbewusst. Sie wittern, dass eine Ökologie, die beispielsweise die Natur zu einer dem Einzelmenschen ebenbürtigen Rechtssache macht, einem Dammbruch gleichkäme. Wenn die Natur eine solche Position einnehmen kann, dann kann es prinzipiell jede Sache.

Damit wäre aber der Rückkehr des Faschismus Tür und Tor geöffnet. Der Faschismus ist die Alternative zum politischen Spinozismus, er ist substanzpluralistisch und damit menschenrechtlich relativistisch aufgestellt. Er entspricht dem Alltagserleben, das stets pluralistisch ist. Für die Marxisten ist klar, sofern sie gewitzt sind, dass die Ökologiebewegung um jeden Preis politisch links verankert bleiben muss, dass keine zweite Substanz der ersten Konkurrenz machen darf.

Damit kastriert der Marxismus die Ökologie. Er verwendet sie neu als Instrument der Disziplinierung der Massen, die er offiziell als Massen begrifflich gar nicht mehr kennen darf. Indem er einen faschistischen Reflex des Menschen usurpiert, den Reflex des Schutzes des Heimes, und ihn auf die Erde, die Natur, das Klima überträgt und Libido abzieht von Heimat, Nation und Volk, gelingt es ihm, die Gefahr eines echten Pluralismus zu bannen.

Der Kampf der Linke ist vorgegeben. Die Linke überwindet den Faschismus als einen Pluralismus, indem sie dessen Grundlage, der Schutz des Heimes (des Eigenen) in die Ökologie überträgt und diese für den Kapitalsozialismus dienstbar macht, um die Gefahr zu bannen, dass der herrschende, politische Monismus nun selbst zu einem Pluralismus werden kann.

An diesem Punkt kommen wir nun zurück zu unserem Quellentext, der doch so ganz anderes zu berichten weiss, als worüber wir uns unterhalten haben. Doch der Schein täuscht.

Wir lesen da (in komprimiert Fassung): «Wir haben da eine richtige Zweitteilung in unserer Gesellschaft: eine liberalere Hälfte und eine für Islamfeindlichkeit hochgradig anfällige Hälfte. Doch warum ist das so? Politisch erzeugen die klassischen Stereotype vor allem der Rechten vom gewaltsamen, fanatischen und frauenverachtenden Islam Angst und Ablehnung bei den Bürgern.»

Das entscheidende Element liegt im Satz: «(...) warum ist das so?» Es ist hier nicht die Frage, wie diese Frage beantwortet, sondern die, wieso solches überhaupt gefragt wird. Wieso fragt jemand nach der vorausgehenden Festhaltung, wieso «das so ist»? Die Antwort, welche die erdrückende Mehrheit der Bevölkerung darauf geben würde, wäre wohl: «Das ist so, weil die Islamisten seit ihrem Eindringen in den Westen zu einem Klima des Terrors und zu inzwischen hunderttausenden von Verbrechen geführt haben. Darum gibt es diese zweite Gruppe in der Bevölkerung und damit das Schisma.» Man hält somit dieses Schisma für das Ergebnis einer Realität, für ein Urteil über einen Tatbestand, nicht für das Ergebnis eines Vorurteils.

Doch der Gewährsmann, der uns in der Quelle belehrt, antwortet hierauf ganz anders, nämlich mit: «Politisch erzeugen die klassischen Stereotype vor allem der Rechten vom gewaltsamen, fanatischen und frauenverachtenden Islam Angst und Ablehnung bei den Bürgern.» Es seien die inhärenten Stereotypen der Rechten, welche das Schisma herbeigeführt haben, und nicht etwa die Wirklichkeit des Verbrechens.

Mit anderen Worten, gäbe es diese Stereotypen nicht, gäbe es auf den islamistischen Terror lediglich die liberal-tolerante Antwort. Denn diese setzt auf dem Rousseau-Menschen auf und hält Terroristen und Kriminelle für Verführte und legt den Finger darauf, dass man sie nicht reizen solle, sondern dass man zur Deeskalation beitrage, damit der Effekt der Verführung nachlasse. Das heisst wiederum, dass man die inhärenten Stereotypen der Islamisten für ebenso schuldig hält, wie jene der hauseigenen Rechten, und dass beide keinerlei Zusammenhang mit der Wirklichkeit hätten und Vorurteile sind, auch dort, wo ganz offensichtlich Urteile vorliegen, nämlich in der Reaktion auf Verbrechen bei den einen und in der Reaktion auf Unglaube und Beleidigung des Islams bei den anderen.

Es handelt sich um eine Sicht, die den Menschen als grundlegend verführt betrachtet (Stereotypen und Vorurteile überschreiben alles) und ihn damit als grundlegend schuldlos sieht (vor-eigentümlich, Abel-haft). Und es ist eine Sicht, die der Wirklichkeit keinen Quellstatus verleiht, auch nicht der Logik. Die Wirklichkeit kann noch so eindeutig aussehen, es zählt nicht. Es ist eine Sicht ubiquitärer, perennierter Familiarität und Erziehung des Subjekts, die Sicht von *Mama und Papa*. Der Mensch ist in diesem Spiel immer Sohn oder Tochter, ist unreif und auf die Welt unvorbereitet. Daher gilt seine Erkenntnis über die Welt nichts. Er ist nicht souverän und benötigt den Schutz, wie er in einer Familie besteht.

Was ist damit jedoch geleistet? In Bezug auf die Wirklichkeit ist eine radikale Kastration derselben vorgebracht. Wirklichkeit zählt nicht. Dasselbe gilt für die Logik des Denkens. Geleistet ist eine Urpsychologie der politischen Existenz des Individuums. Geleistet ist die künstliche Zurückbindung Kains an den Abel in uns.

Damit ist ein Urgewaltakt verbunden. Dieser Urakt des Zwangs kastriert nun aber auch das Menschenrecht, weil er die Souveränität des nackten Einzelnen im Grunde durchstreicht. Das Menschenrecht wird zu einer Machtschablone, um politisch-ethisch-sophistische Prozesse zu gewinnen, wobei verborgen bleibt, dass die geschützte Souveränität des Einzelnen nur eine programmatische ist. Real bleibt das Individuum auf immer unterworfen, unter *Mama und Papa*, bzw. im Orwellstaat unter den *Grossen Bruder*.

Die Freiheit, die sich der Abendländer in der Aufklärung erkämpft hatte, als er sich vom Monismus der Religion verabschiedete und vom Gottesgnadentum der Regierung trennte, ist ihm in der NKD auf subtile und perfide Weise längst wieder entzogen worden.

Indem man uns bis zum Ende des Moratoriums der NKD glauben machte, dass Freiheit darin bestehe, abstimmen zu dürfen und sich wählen zu lassen, dass sie in den dem Individuum zugesicherten Rechten bestehe, die in der Verfassung festgehalten sind, behandelte man uns gleichzeitig als die Subjekte einer andauernden Nacherziehung zur dereinstigen, bloss asymptotisch erreichbaren Souveränität, die eine Scheinsouveränität bleibt, so dass man uns jederzeit auch abholen und für etwas einspannen kann, ohne uns damit in Konflikt mit der NKD zu bringen. Man hat unsere genuine Fähigkeit, mit Wirklichkeit und Logik selbständig umzugehen, politisch und ethisch negiert, aber darüber eisern geschwiegen.

Erst heute, wo man mit Hilfe der NKD bewusst einen Weltzustand herbeiführt, worin das Verbrechen in vielfältigster und haarsträubendster Gestalt zur zentralen Figur aufsteigt, und wo sich im real souveränen Individuum, das 1789 befreit worden war, Widerstand regt, der darauf hindeutet, dass das Subjekt ultimativ einen Pluralismus der Substanz einklagen will, freilich ohne es in den meisten Fällen selbst zu wissen, *tritt der despotische Charakter der NKD endlich zu Tage.*

Nun zeigt es sich, dass wir seit Jahrzehnten in einer Tyrannis leben. Ähnlich merkten die Römer erst nach dem Tode des Augustus, dass sie nun einen Monarchen haben. Diese Tyrannis zwingt uns auszuhalten, dass und was man uns wegnimmt, was wir für «Unseres» halten, sie zwingt uns auszuhalten, dass man uns zurückentwickeln will bis zum jenem Abel, den Rousseau gemeint hatte, und dass man uns gleichzeitig daran hindert, den Kain im Anderen zu bekämpfen. Denn, so die reine Lehre, auch dieser Kain sei bloss ein weiterer Abel, den zurückzuentwickeln erst in einem zweiten Schritt anstehe.

Es zeigt sich jetzt, dass die NKD nichts anderes war und ist als die ungeschriebene *Philosophie der Familie*, und dass darin die Mama regiert, während der Papa sie nach aussen hin vor Angriffen schützt.[12] So wird die aktuelle politische Lage rasch glasklar, und alle Widersprüche, die sich uns normalerweise zeigen, wenn wir uns mit der Aktualität befassen, zerbersten wie Glas, das zu Boden fällt.

Welcher Kampf liegt somit unserer Epoche zugrunde? Jener zwischen dem Kain des Faschismus, der darauf besteht, «eigentlich» und «sich selbst» zu sein, zu «besitzen» und zu «eignen», und der im Nationalsozialismus bis zum Grossverbrechen der Shoa schritt, und dem Abel des Kommunismus, der dem Rousseauschen Gutmenschen entspricht, und der bereit ist, alles mit allen anderen zu teilen, wie der heilige Martin

---

[12] Die Parallelen zur (psychologischen) Thematik des Systems des Augustus mit dessen Betonung der rechtschaffenen, altrömischen Familie als dem Modell für alles andere sind frappant.

seinen Mantel mit dem Bedürftigen - und der im Endeffekt
noch weit mehr Opfer hinterlassen hat!

Man kann sagen, der Bibel folgend, dass dieser Zweikampf
von Abel gewonnen werden müsse, dieser sei gottgefälliger als
Kain. Doch wäre das zirkulär gedacht. Die wahre Frage ist eine
andere. Sie wird selten gestellt, die Frage, was denn das sei, was
jemand «hervorbringe»? Was ist denn das, was jemand «erfindet»? Was ist das, was jemand «aufbaut»? Ist es Vorfindliches
in der Natur, wie ein Stück Land oder ein Gebüsch? Vorfind-
lich für alle? Oder gehört es genuin dem, der es «schöpft»? Ist
es genuines «Eigentum»? Darauf hat die Welt zwei Antworten
geliefert, jene der Egotheismen (Judentum, Christentum, Islam) und jene des Heidentums und dessen Spielart des Agnos-
tizismus.

Für den Egotheismus gibt es kein solches Eigentum, denn
alles ist von Gott, in Gott und durch Gott. Für das Heidentum
und die Agnostik ist es umgekehrt, hier ist praktisch alles, was
geschaffen wurde, das Eigentum dessen, der es erschuf. Der
Abel Rousseaus hat darauf freilich selbst keine Antwort, er
merkt nicht einmal, dass er etwas schöpft oder schafft, so naiv
ist er. Darum wird er von allen linken Ideologen des zwanzigsten Jahrhunderts hofiert. Er ist die grundlegend manipulier-
bare, die schutzlose Form des Subjekts. Er ist nicht schlicht
der Gute, noch mehr ist er der Dumme. Kain hingegen ist renitent, weniger gut, aber auch weniger dumm. Kain ist für eine

Ideologie wie den Marxismus oder die NKD weniger attraktiv als Abel.

Damit lässt sich die Gretchenfrage unserer Zeit leider eindeutig beantworten: «Wie lässt sich der Wahnsinn, der vor sich geht, rückgängig machen?» Die Antwort lautet: Nur mit einem Supernationalsozialismus, welcher den gesamten Westen ergreift, und mit einer Super-Shoa.

Damit ist klar, dass er für zivilisierte Menschen keine Option ist. Die Möglichkeit einer Rückgängigmachung besteht nur in der Theorie. Praktisch ist also wenig korrigierbar am Outcome unserer Epoche. Der Rechtskonservativismus, auch wenn er in zahlreichen Staaten die Oberhand gewinnen sollte, löst das Grundproblem unserer Zeit nicht. *Er müsste im Grunde genommen die NKD ablösen. Im Klartext müsste er das Menschenrecht entmachten (und die Shoa zu etwas erklären, was bloss historisch und damit vergleichbar mit Ähnlichem ist), jedoch ohne dadurch zum Faschismus zu werden.* Doch wie soll das gehen? Es ist nicht nur unmöglich, es hätte auch keine Dauer.

Darum ist die einzige Lösung die, welche die Geschichte in solchen Lagen immer anstandslos geliefert hat, der langsame Untergang der Zivilisation. Zuerst erfolgt er unmerklich und betrifft Reversibilitäten. Dann merkt man plötzlich, dass man in einem anderen Film ist. Doch schliesslich merkt man nicht mehr, dass man niedergeht, weil die Wahrnehmungsfähigkeit für all das selbst dahinschwindet. Am Ende hält man die Zerstörung für einen Aufbau und die tiefere Stufe für eine

höhere, den Niedergang für Fortschritt. Durch den Bevölke-
rungsaustausch kommt hinzu, dass die autochthone Zivilisation immer stärker als Fremdkörper hervortritt.

Damit haben wir den Bogen skizziert, der ausging von den
Aufklärern des Achtzehnten Jahrhunderts, der zu Kapitalismus und Marxismus führte, dann zur Faschismusreaktion und
zum Weltkrieg, an dessen Ausgang die NKD stand, die sich
nun endgültig entfaltet, seit der Marxismus von seiner Realität
befreit worden ist.

Doch eigenartig: Nicht nur deckt sich der Kapitalismus
mit dem Sozialismus immer mehr, es deckt sich auch die NKD
immer mehr mit der Religion und ihren Grundlagen.

Wir haben schon gemerkt, dass es in der heutigen Debatte windiger wird, je weiter wir vorstossen. In diesem kleinen Kapitel wollen wir den Wind am Werk beobachten. Ich schrieb einst an einen Freund: «In a fundamental way, all is narrative, because nothing exists prior to the word. The word and its object are indiscernible, nevertheless they are two. Meaning reproduces this fact of the matter indefinitely. It looks, as if nothing exists but as a narrative, except x, and x itself is and remains empty.»

Während dies quasi das ontologische Schema für den Namen von x ist, machte beispielsweise Wehling als Beraterin der ARD daraus ein Kochrezept im Dienst einer unkritischen Theorie, einer Moral. Sie riet zu Folgendem:

«Nutzen Sie nie, aber auch wirklich nie, den Frame Ihrer Gegner.»[13] Was sie damit meinte ist, dass die gesamte Argumentation, ja das Konzept der Wahrheit selbst, davon abhängen, wie etwas semantisch eingerahmt (geframt) wird, wie man es also verpackt. Anstelle einer echten Debatte riet sie dazu, gerade sie zu vermeiden, indem man dem Anderen nicht auf dessen Feld folgt und nie dessen Verpackung der Dinge debattiert. Denn da könnte es doch passieren, dass man unsicher

---

[13] Wehling, E., aus einem Bericht über die ARD, 2019 (die exakte Bezeichnung ist mir entfallen)

wird. *Anstatt zur Diskussion riet Wehling zur Sophistik.* Damit machte sie deutlich, dass es im Diskurs immer nur darum geht, die Oberhand zu behalten. Wer die Oberhand hat, hat Recht. Wer sie verliert, hat automatisch Unrecht. Man muss also nicht danach forschen, wer Recht hat. Man darf es gar nicht, will man nicht unterliegen.

Schlau riet sie dazu, stets als erstes den Moralframe zu verwenden: «Denken und sprechen Sie zunächst immer über die moralischen Prämissen.» Wer die Debatte mit einer Einordnung punkto Ethik und Moral beginnt, kann die meisten Gegner damit bereits aushebeln. Wenn Sie beispielsweise zugeben müssen, dass Sie für die bedingungslose Priorität des Menschenrechts sind, und dass sie die Shoa als Sakrament betrachten, können Sie später nur noch das sagen, was daraus analytisch ableitbar ist. Sie sind dann auf den zeitgenössischen, politischen Spinozismus verpflichtet. Damit kastriert man Sie für jenen Fall, dass Sie Dinge vertreten, die in diesem Sinne *nicht* analytisch sind. Mit anderen Worten: Sie können nicht mehr über die Realität reden, als wäre sie eine unabhängige, transmoralische Referenz, man wird Sie zwingen, die Ethikbrille aufzubehalten. Damit bringt man Ihre Argumente zum Erliegen, bevor sie entrollt werden können.

Frau Wehling hat kapiert, wie unsere Zeit funktioniert. Sie weiss genau, dass Sie durch die «Hohle Gasse» von fundamentalistischem Menschenrecht und Shoa kommen müssen, wollen Sie zu Ihren Lieben gelangen. Dort liegend, wird sie Sie aus dem Hinterhalt gnadenlos abknallen, sollten Sie versuchen, etwas an ihr vorbeizuschmuggeln. Sie wird niemals auf Ihre Kernargumente eintreten, denn diese sind mit Ihrem Frame verbunden. Sie wird alles, was Sie vorbringen, in einem anderen Frame unterbringen, damit Zuhörer und Zuschauer merken, dass Sie Beliebiges erzählen.

Die beiden Empfehlungen dieser erstaunlichen Expertin für Rhetorik, denn das ist sie im Grunde genommen, stammen aus dem Hörsaal der *Offenen Gesellschaft*, und sie sind beide ganz klar *sophistisch*. Sie dienen nicht der korrekten Schlussweise im Rahmen einer Sachdebatte, sondern umgekehrt zu deren Vermeidung.

Die Offene Gesellschaft diskutiert zwar, aber nur so, wie auch die katholische Geistlichkeit diskutiert hat. Eine Gegenposition gab es nicht. Wer dennoch eine fand, landete im Gefängnis oder auf dem Schafott. Die Offene Gesellschaft erweist sich als eine durch und durch abgeschlossene Angelegenheit, über die zu debattieren nur zum Schein - als pure Show - erlaubt ist. Würde man mehr als das zulassen, käme es bald schon dazu, dass der politische Spinozismus ins Wanken geriete. Damit fingen aber auch die Positionen des Menschenrechts und der Shoa zu wanken an, und damit wäre offen, ob die Weltgeschichte des Zwanzigsten Jahrhunderts neu beurteilt werden muss.

Niemand kann das zulassen. Der Mensch ist in solchen Situationen spitzfindig. Es würde nicht lange gehen, und der Nationalsozialismus würde wiederauferstehen, gewandelt und global. Er wäre keineswegs eine blosse «AfD». Diese erschiene vor ihm wie der Chihuahua vor dem Säbelzahntiger. Die AfD steht auf dem Boden der Verfassung, des Menschenrechts und der Ethik. Niemand kann im Namen der AfD morden. Ein neuer Nationalsozialismus hingegen stünde weder auf dem Boden irgendeiner Verfassung, noch respektierte er die Menschenrechte, und zwar insgesamt nicht, noch hat er etwas mit unserer Ethik am Hut, und Mord wäre das Allererste, was er in Gang brächte. Denn seine Ethik ist kompromisslos biologistisch, ein Mord ist keiner, Menschenrechte kennt er nicht, nur Naturrechte, und Verfassung gibt er sich täglich eine andere, je nach Laune seines Führers, dessen Prinzip die Struktur der Macht ist. Eine AfD als eine nationalsozialistische Kraft zu sehen, ist debil, ist politischer Blödsinn, aber gewieft, eristisch und sophistisch.

Sie merken, dass die Mahlzeit gekocht ist. Es existiert in der Tiefe keine wirkliche Auseinandersetzung mehr. Im Grunde ist das seit 1945 so. Doch kam es erst nach dem Fall des Sowjetimperiums voll ans Licht. Zur Zeit des Gleichgewichts des Schreckens musste man sich noch arg zurückhalten. Es gab Wichtigeres, den Erhalt des Menschen auf diesem Planeten. Heute jedoch gilt: *Les jeux sont faits! Rien ne va plus!* Jetzt sammelt der Croupier die Chips ein. Jetzt wird verhökert, und das geht rasant. Die Verluste hier - und der Gewinn dort. Und ab in die nächste Runde!

Eine Anmerkung: Die *Kritische Theorie* suchte zuerst nach jenem Fundament, das der Idealismus ausklammert, indem er es zu seiner Wirkung erklärt. Es ist Marx' sozioökonomische Basis des Bewusstseins. Indem sie diese problematisiert und zur Basis des Idealismus hinzuschlägt, zerstört sie ihn nachhaltig. Doch nicht, weil sie etwa das gefunden hätte, was naiv gesehen stimmt. Sie hat den Begründungszyklus in zwei Teile zerschnitten und dem Idealismus das zum Anfang gesetzt, was für ihn selbst seine Wirkung ist. Das Dialektische daran bringt es mit sich, dass man nicht sagen kann, wer Recht hat. Richtig ist allein der Begründungszyklus als solcher, weil es um die Totalität geht, um die Theorie von allem. Mit diesem lässt sich aber keine Soziologie begründen, sondern nur eine Kognitionslehre für Automaten.

Im Rahmen dieser Spiellage, in der die Debatte tot ist, arbeitet die Propaganda wie eh und je im Totalitarismus fröhlich vor sich hin. Ich zitiere im Folgenden ein gutes Beispiel dafür, wie Propaganda denkt[14]: «Um den Deutschen die Bunte Republik schmackhaft zu machen, setzen die herrschenden Buntisten in ihrer Bildsprache gezielt Fotos von jungen muslimischen Frauen ein. Bilder von muslimischen Männern hingegen werden in der buntistischen Propaganda vermieden. Dafür gibt es gute Gründe. Zielsetzung der Bildpropaganda der Bunten Republik ist es, den Deutschen die Massenansiedlung arabischer, türkischer und afrikanischer Kolonisten in Deutschland als ein „gutes" und „bereicherndes" sowie völlig gefahrloses Staatsprojekt zu verkaufen. Diese manipulative Zielsetzung wird dadurch erreicht, dass in der Bildsprache der buntistischen Propaganda alle negativen Begleiterscheinungen dieser Massenansiedlung visuell ausgeblendet und dem Empfänger ausschließlich positive Signale vermittelt werden. Die damit einhergehende höchst selektive Bildauswahl entspricht der allgemeinen Manipulationsmethodik der Buntisten, wie sie uns auch in der gesprochenen und geschriebenen Sprache begegnet: In Fernsehkommentaren oder Textmaterialien der Presse

---

[14] Jahn, C., Die Bildpropaganda des Buntismus, http://www.pi-news.net/2019/03/die-bildpropaganda-des-buntismus/12.03.2019

werden ja alle negativen Aspekte der buntistischen Siedlungspolitik ebenfalls totgeschwiegen und die vermeintlich „bereichernden" Aspekte in manipulativer Absicht systematisch
überbetont. Vor diesem Hintergrund wird verständlich, warum die Bildpropaganda der Buntisten ausschließlich auf Frau-
enbilder setzt. Wir kennen diese Aufnahmen zur Genüge: Eine
junge, kopftuchlose, stets gutaussehende Türkin lächelt stolz
und selbstbewusst in die Kamera, der Begleittext erzählt dazu
irgendeine rührige Geschichte, die beim Leser Sympathien für
die Dame – und damit die staatliche Siedlungspolitik insgesamt – wecken soll. Eine besonders häufige Variante dieses
fast schon stereotypen Bildstils ist der versonnene Blick der
Türkin in die weite Ferne, meist bei leicht nach oben gerichte-
ter Kopfhaltung: gewissermaßen in die goldene Zukunft
schauend, durch den tiefen Kamerastandpunkt heroisch über-
höht, wird die türkische „Migrantin" zum Symbol einer leuch-
tenden Modernität, zum Inbegriff des neuen, besseren Menschen im Paradies der Bunten Republik. Wir kennen diese
Bildgestaltung bereits aus der Bildsprache des Sozialismus, als
der ebenso versonnen in die Ferne, leicht nach oben gerichtete
Blick einer ebenfalls stets jungen und immer gutaussehenden
Arbeiterheldin dem Betrachter die ebenfalls angeblich goldene
und moderne Zukunft des Sozialismus versprach. Junge
Frauen verkörpern „Schönheit" und stehen somit grundsätzlich für positive Assoziationen aller Art mit dem von ihnen
beworbenen Produkt – im Fall der Bunten Republik dem Produkt einer als „positiv" zu verkaufenden Massenansiedlung

von Arabern und Türken. Diese positive Assoziation mit dem Produkt Massenansiedlung, die die junge Frau auf dem Bild beim Betrachter erwirken soll, gilt natürlich auch für das bewegte Bild in Film und Fernsehen. Es ist daher kein Zufall, dass sich unter den muslimischen Quotenfrauen in hohen Staatsämtern der Bunten Republik auffällig viele schöne, oft sehr junge Frauen finden. Diese Frauen müssen aufgrund ihrer hohen Staatsposten berufsbedingt auch für Fernsehauftritte in Talkshows zur Verfügung stehen, und schöne, junge Musliminnen eignen sich als Propagandaträger der frohen Botschaft islamischer Massenansiedlung naturgemäß besser als hässliche und alte Musliminnen. Der Umgang mit dem islamischen Markenzeichen Kopftuch erfolgt in der Bildsprache der buntistischen Propaganda zwiespältig. Unter den in der Propaganda typischerweise verwendeten Frauenbildern finden sich nur äußerst selten Fotos von Frauen mit Kopftuch. Auch hierfür liegen die Gründe auf der Hand: Manipuliert werden soll ja der Durchschnittsdeutsche, der das Kopftuch nach wie vor mit negativ belasteten Begriffen wie Rückschrittlichkeit, Primitivität, Unterdrückung, Abgrenzung assoziiert. Zudem wirkt das Kopftuch als Symbol einer auffällig gewalttätigen Religionsgruppe auch physisch bedrohlich. Bilder islamischer Kopftuchfrauen lösen beim Durchschnittsdeutschen daher nach wie vor negative Empfindungen aus. Da es allerdings Aufgabe der buntistischen Bildpropaganda ist, den Deutschen Sand in die Augen zu streuen und ihnen einzureden, die islamische Massenansiedlung in ihrem Land bringe ihnen ausschließlich Gutes, wird das Kopftuch auf buntistischen Propagandafotos als ein typisch negativ belastetes Symbol in der Regel fortgelassen. Von diesem Grundsatz, keine Kopftücher in der Bildpropaganda zu zeigen, wird seit einigen Jahren allerdings zunehmend abgewichen. Es ist nicht zu übersehen, dass die herrschenden Buntisten immer stärker dazu neigen, den Islam in seiner Gesamtheit als „Teil Deutschlands" zu definieren und damit auch seine erzkonservativen und radikalen Strömungen. Diese Tendenz mag eine gewisse Kapitulation vor den faktischen Gegebenheiten darstellen, da der erzkonservative, radikale Islam in Deutschland immer stärker an politischem Einfluss gewinnt, den der buntistische Staat mittlerweile als unabänderlich akzeptiert hat. Entsprechend hat sich auch der strategische Schwerpunkt des staatlichen Umgangs mit diesen starken, auch gewaltbereiten Strömungen gewandelt. Statt die erzkonservativ-islamischen Kräfte inhaltlich herauszufordern und es sich dadurch mit ihnen zu verderben, geht es nun um Vermittlung dieser neuen Wirklichkeit in Deutschland gegenüber den deutlich leichter zu beeinflussenden Deutschen. Die zunehmende Präsenz von jungen und gutaussehenden, stets lächelnden, zugleich aber mit Kopftuch bekränzten Musliminnen in der Bildpropaganda der letzten Jahre erklärt sich also aus genau dieser strategischen Neuausrichtung, den erzkonservativen und radikalen Islam ebenfalls als bereichernden Teil der Bunten Republik anzunehmen und den Deutschen entsprechend anzupreisen: Die „Schönheit" und vermeintliche „Freundlichkeit“ der jungen lächelnden Kopftuchfrau auf dem Foto soll beim durchschnittdeutschen Betrachter positive Assoziation mit der durch das Kopftuch versinnbildlichten politischen Botschaft einer ultrakonservativen und radikalen Religiosität auslösen. Dass islamische Männer im Gegensatz zu Frauen auf buntistischen Propagandabildern grundsätzlich nicht auftauchen, hat nicht nur mit der allgemein höheren Werbewirksamkeit des schönen Geschlechts zu tun, sondern vor allem mit der von Männerbildern vermittelten Assoziation von körperlicher Kraft und somit auch körperlicher Gewalt. Männer sind aufgrund ihrer kriegerischen Veranlagung immer eine potenzielle physische Gefahrenquelle. Das massenhafte Eindringen fremder Männer nach Deutschland löst bei der durch diese Siedlungsbewegung kolonisierten einheimischen Bevölkerung entsprechend ganz andere Empfindungen und Besorgnisse aus als das Eindringen fremder Frauen. Diese unterschiedlichen Empfindungen der einheimischen Deutschen gegenüber den eindringenden fremden Männern bzw. Frauen werden in der Propaganda sehr genau berücksichtigt. Würde die buntistische Propaganda in ihrer Bildsprache bevorzugt Bilder von islamischen Männern zeigen – was der Tatsache einer überwiegend männlichen Kolonisationsbewegung gerecht würde – , würde dies bei den deutschen Betrachtern als der Zielgruppe der Propaganda sehr schnell genau jene Urinstinke auslösen, die die Propaganda unbedingt vermeiden möchte: Die einheimischen, von den islamischen Männern kolonisierten deutschen Betrachter würden die islamischen Kolonisten nicht als Glückbringer, sondern als potenzielle Gefahrenquelle wahrnehmen. Die Propaganda hätte somit ihr Ziel verfehlt: Statt den Betrachter für die Massenansiedlung von islamischen Kolonisten zu begeistern und ihm diese Massenansiedlung als Anlass zu großer Freude zu verkaufen, wie dies durch Fotos junger, schöner Frauen gelingen mag, würde der Betrachter bei Männerbildern sehr viel deutlicher den kriegerischen Unterton dieser Massenansiedlung wahrnehmen. Die Propagandatricks der Buntisten zu enttarnen, ist der erste Schritt, sich der Manipulation durch unseren Lügenstaat zu entziehen. Lassen wir uns also von schönen Bildern nicht bezirzen. Genau wie bei der Propaganda des Sozialismus, der uns statt Wohlstand und Freiheit nichts als Armut und Unfreiheit brachte, sollten wir nicht den Einflüsterungen der Propaganda des Buntismus erliegen. Der Buntismus wird uns weder Glück, Frieden noch Bereicherung bringen, sondern nur Mord, Totschlag und brennende Häuser. Umvolkung tötet, sie tötet schon heute, und sie wird in Zukunft noch mehr töten. Die Bunte Republik ist eine Lüge. Lassen wir uns nicht belügen!»

Hinter derartiger Propaganda steckt ein anderes Muster, das wir jedoch aus familieninternen Debatten alle nur zu gut kennen.

Heute wird oft so argumentiert, indem man auf Allsätze Rekurs nimmt, gleichzeitig Allsätze aber kategorisch als Vorurteile oder Stereotypen verbietet. «One of the ugly aftermaths of 9/11 that is too often ignored is the codified profiling of Muslim-Americans solely bc of their faith. No-fly lists. Warantless mosque surveillance. All of it. To fear+suspect all Muslims due to the actions of terrorists is bigotry. Plain & simple.»[15]

Jedoch: Dass Muslime bevorzugt kontrolliert werden, und der Vorwurf des Fanatismus haben logisch nichts miteinander zu tun. Es geht, wie in den folgenden Beispielen auch, um einen rationalen Akt der Sicherung und des Ernstnehmens einer Bedrohung.

In den folgenden Aussagen, gebaut nach demselben Schema, wäre es entgegen der von AOC vorgebrachten Logik *ihr selbst zufolge* unzulässig, nun ebenfalls von Fanatismus zu reden (teilweise sogar zu Recht, denn nicht immer ist Fanatismus beteiligt):

Beispiel 1: Das Fürchten und Verdächtigen aller weissen Männer wegen Akten von Kolonialismus ist Fanatismus. Simpel und einfach. *AOC müsste einwenden: Hier geht es um berechtigte Anliegen Farbiger und eine potenzielle Verhöhnung der Opfer.*

---

[15] Ocasio-Cortez, A., Tweet, 13.04.2019

Beispiel 2: Das Fürchten und Verdächtigen aller Männer wegen Akten sexueller Gewalt ist Fanatismus. Simpel und einfach. *AOC müsste einwenden: Hier geht es um Vorsicht, um Sicherheit der Frauen und um Gleichstellung.*

Beispiel 3: Das Fürchten und Verdächtigen aller Autofahrer in Bezug auf gefährliche Fahrweise ist Fanatismus. Simpel und einfach. *AOC müsste einwenden: Hier geht es um Vorsicht und um Sicherheit im Strassenverkehr, keineswegs um Fanatismus.*

AOC, wie wir sie hier persiflieren, weiss genau, was Sache ist. Nur in jenem einen Fall sieht sie es anders, obschon sich dieser weder logisch, noch semantisch von den anderen Fällen unterscheidet. Was ist also ausser Kraft gesetzt? Erstens das logische Schliessen. Zweitens das ergebnisoffene Untersuchen. In all den vorgebrachten Aussagen ist von vornherein festgelegt, was zutrifft und was nicht. Es geht nicht mehr darum herauszufinden, was zutrifft, sondern was zutreffen soll und was nicht zutreffen darf. Die Meinung selbst ist gemacht, bevor ihr Gegenstand untersucht worden ist.

Jeder kennt diese Art von Denken und Debattieren aus der eigenen Familie. Es ist die für familieninterne Debatten übliche Feindseligkeit gegenüber dem Ergebnisoffenen, sobald ein moralischer Anspruch im Raum schwebt, und er schwebt stets mit, wenn dominante Mütter anwesend sind und Väter, die sich loyal (oder aus Angst) unterziehen.

Die heutige Auseinandersetzung ist keine ergebnisoffene mehr und keine rationale. Sie hat sich von Anfang an der Moral unterworfen, und diese unterwarf sich dem Equality-Gedanken. Sie überdreht ein Postulat der französischen Revolution und hebelt das andere Postulat, das der individuellen Freiheit damit aus. Sie wäre sonst mit radikaler Egalität inkompatibel.

Um die Egalität aller Individuen durchzusetzen, schuf man einst die Demokratie. Doch das genügt nicht mehr. Jetzt will man Gruppen einander gleichsetzen. Warum? Weil die Gleichsetzung der Individuen zur Mehrheitspolitik der Republik geführt hat, und diese verhindert heute die Offene Gesellschaft. Indem man nun neu Gruppen einander gleichstellen will, verringert man die Menge der für eine Politik bedeutsamen «Individuen» auf einige Dutzend. Man schweisst die Individuen zu Mitgliedern von Gruppen zusammen, in denen sie als Individuen ja gleichsam nach Definition bereits egalitär anerkannt sind. Damit fällt quasi die Egalität als Individuen in der Republik als Ganzes weg, ohne dass man es merkt. In der Republik wird nun der Platz des Einzelnen frei für jene neue Art von Individuen, für die Gruppen. Diese haben aus sich selbst heraus eine politische Struktur, sind inhärent geführt und explizit führbar. Damit kann nun in der Republik mit der Bevölkerung auf eine ganz neue Weise Marionette gespielt werden. Man greift nicht direkt auf den Einzelnen zu, das ginge auch nicht, sondern lenkt ihn über sein Gruppeninteresse, gewissermassen über seine Typologie. Damit macht man sich einen rassistischen («identitären») Grundgedanken zu eigen, den man jedoch verbirgt. Es handelt sich um eine faschistische Idee, die nun losgelöst von faschistischen Begriffen funktioniert und dabei die eminente Wirkung des Faschismus hat, die man sich zunutze machen will. Indem man die republikanische Politik auf diese Ebene verlagert, verliert die individuelle Freiheit ihre Anziehungskraft, ihre Einklage wird gar unethisch angesichts der neuen Sachlage.

Damit ist die Relativierung der Menschenrechte vorbereitet, die unter der Hand zu Menschengruppenrechten werden. Der absolute Wert des Einzelnen ist damit verworfen. Die eigentliche Hürde ist genommen, um aus der Republik die Offene Gesellschaft zu machen, die transnational-global existiert und sehr gut auch so führbar ist. Zugleich schafft sie ein neues, transnationales Zusammengehörigkeitsgefühl, wie es in Imperien jeder kennt, ohne dass das Imperium selbst zur Nation werden muss.

Dass Equality-Politik ungleich viel mehr Macht verleihen kann als Freiheitspolitik, liegt auf der Hand. Wer Equality-Politik betreibt, hat es nicht mehr mit Individuen zu tun, sondern mit Klassen (die Typen oder «Rassen» sind). Damit wird das Feld überschaubarer. Man ist beim Ständestaat zurück und betreibt korporative Politik. Das ist Faschismus, der sich für sein Gegenteil hält, und Despotismus, der sich demokratisch nennt.

Ein weiteres Beispiel: «Library collections continue to promote and proliferate whiteness with their very existence and the fact that they are physically taking up space in our libraries.»[16]

Früher sagte man, egal von welcher Herkunft man war, dass die Tatsache, dass Bibliotheken zu 99% von Büchern gefüllt sind, die «Weisse» schrieben («weisse Männer»), dass dies darum so sei, weil diese die Bibliothek als Institution und die Erzeugnisse darin auch hervorgebracht haben.

Heute jedoch sagt man, dies sei nur darum so verteilt, weil die «Weissen» dafür *gesorgt* hätten, dass dem so war und ist, und dass es Ausdruck ihres Rassismus sei. Man sagt jedoch bewusst nicht, gäbe es diese «Weissen» nicht, so wären alle Bibliotheken mit den Erzeugnissen Nichtweisser gefüllt. Denn das würde bedeuten, dass man unterstellt, die gesamte Kultur wäre identisch, hätten andere sie hervorgebracht. Erstens ist das unwahrscheinlich, zweitens beraubte uns dies eines weiteren, sophistischen Trumpfs, nämlich der Behauptung, hätten die «Weissen» nicht den Ton angegeben, wäre eine ganz andere Zivilisation entstanden, eine ohne Bücher, aber voller telepathischer oder anderer, ökologischerer Wissenschaft, deren Aufkommen von den «Weissen» unterdrückt worden sei.

---

[16] @sofiayleung, Library journal, 16.04.2019

Heute nun, wo die Bibliotheken halt existieren, müsse es darum gehen, diese den «Weissen» wegzunehmen und mit Erzeugnissen Nichtweisser zu füllen, damit deutlich werde, wie marginal die «weisse Denke» sei.

Der Sophismus besteht darin, dass man hier den Rassismus mithilfe eines Superrassismus beseitigt. Er sagt gerade nicht, die Rasse der Autoren sei unwesentlich, sondern sie sei das Wesentliche an und für sich. Heute müsse die Buchrepräsentanz anteilig auf Vertreter verschiedener Rassen verteilt werden, obschon es keine Rassen gibt.

Dahinter steckt letztlich die Annahme, dass alle Menschen identisch seien, dass Ungleichverteilungen nicht auf Verschiedenheiten hindeuteten, sondern auf Machtspiele, diese aber auf ökonomische Verhältnisse, diese wieder auf Unterdrückung und auf Aneignung dessen, was rousseauistisch keinem gehöre. Der Tatbeweis der Verschiedenheit könne nie angetreten werden, weil die ökonomisch-egalitaristische Erklärung vorher greife, auf der Annahme Rousseaus und Marxens und entgegen der Biologie. Gegenargumente seien bereits als reaktionär verbucht und somit als ungültig erkannt.

Bis hierher waren wir der Meinung, dass die vorherrschende Ansicht die sei, dass es keinerlei genetische Determination für den menschlichen Geist, für seine Kreativität oder Intelligenz gebe, und dass auch das Verhalten zu hundert Prozent das Ergebnis von Konditionierungen sei.

Das würde bedeuten, dass die Vermischung von Genpools weder forciert, noch verhindert werden müssten. Man kann sie zulassen oder verbieten, was letztlich auf die jeweiligen Kulturen keinen Einfluss hätte. Man könnte auch einfach unsere Kultur «nehmen», und sie in Afrika wie ein Kapital «anlegen», und die Afrikaner würden sie genau gleich wie wir, zum einen verstehen, zum anderen ebenso eifrig betreiben und zum Dritten selbst weiterentwickeln. Natürlich könnte man auch Millionen Afrikaner in den Westen verpflanzen und ihnen auferlegen, unsere Kultur zu übernehmen, und das würde recht rasch von Erfolg gekrönt sein, weil es sich bei allen Hindernissen allein um Konditionierungen handle.

Doch nun existiert eine Anomalie. Wieso peitscht man seit etwa drei Jahren weltweit ein Resettlement-Programm durch, das Millionen Menschen nach Europa und in die USA holen will, sie dort ansiedelt und ihnen gerade *nicht* auferlegen will, sich vollkommen anzupassen, sondern sich im Gegenteil inkludieren zu lassen, halb angepasst, halb renitent?

Wieso sollen homogene Nationen aufgelöst werden, wenn es nach den Vorstellungen von Peter Sutherland, Frans Timmermans und George Soros geht? Lieferten nicht gerade sie das Modell für einzigartigen, historischen, zivilisatorischen und kulturellen Erfolg?

Ginge es lediglich um Antirassismus auf der Basis der genetischen Egalität aller, würde man ja nicht auf Inklusion bestehen, sondern umgekehrt rasante Assimilation verlangen, vor allem, um das demografische Argument zu befriedigen, das man stets bemüht. Wenn man auf einem Schiff Elektriker braucht, holt man keine Bäcker, denen man sagt, sie bräuchten sich nicht zu Elektrikern zu wandeln, um ihrer Aufgabe gerecht werden zu können.

Auf solche Fragen gibt es zwei Antworten. Die Eine ist, dass auf diese Weise das Elend in der Welt rascher beseitigt werden könne. Indem man einen Teil der Elenden umsiedelt, profitieren sie von der Zivilisation, werden gleichsam angehoben. Sie alimentieren die zu Hause gebliebenen mit Geld, worauf es dann auch denen wirtschaftlich besser geht. Die Annahme dahinter ist, dass Wirtschaft und lokale Kulturen der Aufnahmeländer ein solches Resettlement locker bewältigen können. Dieser Argumentation kann man etwas abgewinnen, wenngleich sie letztlich eine Pfadfinderidee ist.

Die Andere Antwort ist weniger schmeichelhaft. Sie liegt im Eingeständnis, dass man selber nicht daran glaubt, dass der Genpool keine Rolle spielt. Man bringt demnach Genpools zusammen, um die Kultur des einen Pools durch jene des anderen zu kompromittieren oder zu schwächen. Doch zu welchem Zweck? Zum Zwecke der Beherrschbarkeit, der Ausübung von Macht und der Ausbeutung.

Eine dergestalt geschwächte Aufnahmewelt ist leichter beherrschbar für eine globalisierte Elite. Die nationalen Eliten lösen sich von ihren Völkern ab und verschmelzen zu einer globalen. Diese neue Elite verfügt sowohl über die Ressourcengebiete für den Rohstoff «Mensch», als auch über die Einsatzgebiete für ihn, und zwar gleichermassen, ohne künftig noch nationale Barrieren berücksichtigen zu müssen. Sie kann sich also gebärden wie in einem Imperium. In der Offenen Gesellschaft, so die Vorstellung Poppers, brauche es jedoch keine Eliten mehr, eine allzu optimistische Sicht auf den Menschen.

Würde der Genpool jedoch gar keine Rolle spielen, wäre dieser Effekt viel weniger gross. Er wird umso grösser, je diverser die Pools sind. Der vermeintliche Antirassismus hinter dieser weltpolitischen Massnahme des Resettlement ganzer Bevölkerungsteile, ist in Wahrheit natürlich auch wieder ein Rassismus, der hier dazu verwendet wird – in exakter Opposition zum Nationalsozialismus – «Reinheit» abzubauen und «Unterschiede» einzuebnen. Ist das Programm einmal durch, wird man *post hoc* dann behaupten können, es habe gar nie

«Rassen» gegeben, man habe dafür nun den Beweis (ein weiteres Beispiel für die allgegenwärtige, sophistische Kausalumkehr).

Wieso soll heute eine globale Elite auf den Weg gebracht werden? Erstens handelt es sich dabei um eine Eigendynamik, die sich bei jeder Elite ereignet. Zweitens optimiert sich diese Elite durch die Resettlementprogramme ihren eigenen Sexualkosmos. Es stehen den Alpha-Männchen fortan die passenden Weibchen aller Genpools zur Verfügung, was eine massive Ausweitung des Lustgewinns bedeutet. Zudem winkt ein weltweites Bürgerrecht und damit die Möglichkeit, genussorientiert ohne Grenzen zu leben. Und schliesslich lässt sich damit natürlich sehr viel Geld verdienen.

Volkswirtschaften, das haben geniale Spekulanten wie Soros längst entdeckt, lassen sich auch als riesige Hedgefonds verwenden. Dazu müssen sie aber erst einmal einer Fondverwaltung zugeführt werden und dürfen keiner nationalen Politik mehr gehorchen. Auf höherer Ebene ist schliesslich auch die EU oder sind die US solche Fonds, mit deren Hilfe man globale Riesengeschäfte absichern kann.

Ist ein Grossteil der Bevölkerung erst einmal auf diesen Weg gebracht, kann nichts mehr schief gehen. Dann kann die Provinzialisierung in wenigen Jahren bereits beginnen, ohne Widerspruch befürchten zu müssen. Und indem die Sprachen drastisch vereinfacht und gewisse Wörter daraus verbannt werden, kann man das Kulturgedächtnis fast nach Belieben formen, passend zu jedem Gewinn. Da es fortan an der geistigen Tiefe fehlt, werden Depressionen und Neurosen abnehmen, die unter anderem Ausdruck zu komplexer Kulturverhältnisse sind.

Eine bestechende Vision! So denken Imperatoren, Tyrannen und die Mosesse dieser Welt. Grosse Steuermänner und Vorsitzende denken und handeln auf solche Weise. Dem Volk geht es dabei gut, solange genug Kapital und Sex konsumierbar abgreifbar ist, und solange seine Dysfunktionalitäten sozial aufgefangen werden, ohne dass eine korrigierende Eigenleistung erbracht werden muss.

Ist das nicht ein Traum? Wenn Sie sich gegen eine solche Utopie auflehnen wollen, müssen Sie sich warm anziehen! Denn Sie werden praktisch die gesamte Menschheit gegen sich haben. Und man wird Ihnen sagen, das eben sei die Macht der Demokratie. Diese Zumutung wird Sie zum Verstummen bringen, sie ist schlicht zu gross, um sinnvoll gekontert zu werden.

Natürlich glauben Sie erst einmal nicht, dass solche Programme unterwegs sind. Aber Sie irren sich, lesen Sie den folgenden Bericht![17]

«Der Autor Matthias Matussek hat brisante Dokumente entdeckt, die belegen, dass wir alle von Anfang an von den Politikern und Medien belogen wurden. Es ging nie um Hilfe für Kriegsflüchtlinge, sondern um eine Neuansiedlung und demzufolge um die vollständige Umvolkung des europäischen Kontinents. Die EU-Strategen wollen so den rückläufigen Bevölkerungszahlen durch Überalterung und sinkende Geburtenraten entgegenwirken. Deswegen begrüßen sie jeden einzelnen so genannten Flüchtling plus Familiennachzug, den das hilft ihnen, ihre Pläne zu verwirklichen. Matussek fasst diesen ungeheuren Skandal mit folgenden Worten zusammen:

1.) Jeder Lesekundige kann auf der Original-Website der UNO nachlesen, dass es selbstverständlich das UN-Thesenpapier 'replacement migration' (Ersatzmigration) gibt, welches keineswegs von zeitlich begrenzten Schutzsuchenden spricht.

---

[17] Wir wurden alle belogen! EU-Papier beweist: Es ging nie um „Flüchtlinge", sondern um „Neuansiedlung", https://www.anonymousnews.ru/2018/01/28/wir-wurden-alle-belogen-eu-papier-beweist-es-ging-nie-um-fluechtlinge-sondern-um-umvolkung, 8.01.2019

2.) Ferner kann jeder Lesekundige auf der Original-Website der Europäischen Kommission, also ebenso definitiv nachlesen, was der EU-Kommissar für Migration, Inneres und Bürgerschaft, Dimitris Avramopoulos sagte und ebenso keineswegs von vermeintlich zeitlich begrenzter Schutzgewährung, sondern unverhohlen von somit dauerhaften Neuansiedlungszusagen spricht: 'Durch die Schaffung eines dauerhaften Rahmens mit einheitlichen Verfahren können wir schnellere Verfahren gewährleisten, was uns wiederum ermöglicht, schrittweise unsere gemeinsamen Neuansiedlungen zu erhöhen.'

3.) Aufgrund obiger nachweislich verifizierbarer Original-Quellen der UNO und der Europäischem Kommission ist belegt, dass wir derzeit – mehrheitlich - keine Völkerwanderungen von größtenteils angeblich 'zeitlich befristet Schutzsuchenden', sondern mehrheitlich eher gezielt dauerhafte EU-'Neuansiedlungen' als indirekte Umsetzung des UNO-Thesenpapiers 'replacement migration' (Ersatzmigration) erleben.

4.) Diese öffentlich verifizierbaren Fakten werden uns seitens der – vermeintlich - mehrheitlich qualitätsorientiert arbeitenden Traditions-Verlage und der öffentlich-rechtlichen Sender seit längerem überwiegend vorenthalten, trotz höchstrichterlich geschützter

Meinungsbildungsfreiheit und deren Grundvoraussetzung eines mehrheitlich qualitätsorientierten Journalismus.

Das Dokument ist für Jedermann auf der Internetseite der Europäischen Union abrufbar und wird hier nachprüfbar in unveränderter Form wiedergegeben:

Europäische Kommission – Pressemitteilung

Verbesserung der legalen Migrationskanäle: Kommission schlägt EU-Neuansiedlungsrahmen vor

Brüssel, 13. Juli 2016

Die Europäische Kommission schlägt heute einen EU-Neuansiedlungsrahmen vor. Damit soll eine gemeinsame europäische Neuansiedlungspolitik festgelegt werden, die gewährleistet, dass Personen, die internationalen Schutz benötigen, geordnete und sichere Wege nach Europa zur Verfügung stehen.

Die Europäische Kommission schlägt heute einen EU-Neuansiedlungsrahmen vor. Damit soll eine gemeinsame europäische Neuansiedlungspolitik festgelegt werden, die gewährleistet, dass Personen, die internationalen Schutz benötigen, geordnete und sichere Wege nach Europa zur Verfügung stehen. Der Vorschlag ist Teil der von der Kommission geplanten Reform des Gemeinsamen Europäischen Asylsystems und der in der Europäischen Migrationsagenda dargelegten langfristigen Strategie für eine bessere Steuerung der Migration. Zudem wird er zur Umsetzung des neuen ergebnisorientierten Partnerschaftsrahmens für die Zusammenarbeit mit wichtigen Herkunfts- und Transitländern beitragen, den die Kommission am 7. Juni vorgestellt hat.

Frans Timmermans, Erster Vizepräsident der Kommission, erklärte: 'Wir müssen unsere gemeinsamen Anstrengungen zur Gewährleistung eines internationalen Schutzes weiter verstärken und dazu insbesondere Flüchtlingen eine sichere und geordnete Neuansiedlung in Europa ermöglichen. Die bisherigen Ad-hoc-Lösungen haben zwar gewisse Ergebnisse gebracht, aber dank der heute vorgeschlagenen neuen Verfahren wird es uns möglich sein, bereits in einem frühen Stadium mit den Mitgliedstaaten zusammenzuarbeiten, um die Anstrengungen der Mitgliedstaaten zu bündeln und zu verstärken und insgesamt effizienter vorzugehen. Wie viele Menschen alljährlich neu angesiedelt werden, entscheiden weiterhin die Mitgliedstaaten selbst. Sie können künftig finanzielle Unterstützung aus dem EU-Haushalt erhalten, um ihre Entscheidungen in die Praxis umzusetzen. Somit kann die EU künftig auf effiziente Weise ihrer gemeinsamen Pflicht zur Solidarität mit Nicht-EU-Ländern nachkommen und diese dabei unterstützen, mit der Vielzahl von Menschen, die vor Krieg und Verfolgung flüchten, fertig zu werden.'

Der EU-Kommissar für Migration, Inneres und Bürgerschaft, Dimitris Avramopoulos, erklärte dazu: 'Der heutige

Vorschlag ist ein bedeutender Schritt bei unseren Bemühungen, schutzbedürftigen Menschen legale und sichere Wege in die EU und Schutz anzubieten. Er ist ein wesentliches Element des größeren Ziels, dafür zu sorgen, dass Schutzbedürftige Schutz erhalten, die Anreize für irreguläre Migration zu verringern und Migranten vor Ausbeutung durch Schleusernetze und vor gefährlichen Reisen nach Europa zu schützen. Durch die Schaffung eines dauerhaften Rahmens mit einheitlichen Verfahren können wir schnellere Verfahren gewährleisten, was uns wiederum ermöglicht, schrittweise unsere gemeinsamen Neuansiedlungszusagen zu erhöhen. In ihrem Bemühen, irreguläre Migrationswege zu schließen, schafft die EU auf diese Weise echte legale Migrationskanäle.'

Durch den heute vorgelegten Vorschlag soll ein dauerhafter Rahmen mit einem einheitlichen Verfahren für die Neuansiedlung innerhalb der EU geschaffen werden. Wie viele Menschen alljährlich neu angesiedelt werden, entscheiden weiterhin die Mitgliedstaaten selbst, aber durch die Koordinierung der nationalen Anstrengungen und durch ein gemeinsames Vorgehen wird die EU als Ganzes mehr bewirken können. Der künftige Neuansiedlungsrahmen soll durch jährliche EU-Neuansiedlungspläne umgesetzt werden, die vom Rat auf Vorschlag der Kommission angenommen und durch gezielte, von der Kommission angenommene EU-Neuansiedlungsprogramme in die Praxis umgesetzt werden. In den jährlichen EU-Neuansiedlungsplänen sollen die allgemeinen geografischen Prioritäten, auf deren Grundlage die Neuansiedlungen erfolgen sollen, sowie die Gesamtzahl der im folgenden Jahr im jährlichen Neuansiedlungsplan auf Basis der Mitwirkung und der Beiträge der Mitgliedstaaten und assoziierten Schengen-Länder neu anzusiedelnden Personen festgelegt werden.

Im EU-Neuansiedlungsrahmen sollen ferner die Kriterien festgelegt werden, die bei der Bestimmung der Gebiete oder Drittstaaten, aus denen die Neuansiedlung erfolgen soll, berücksichtigt werden sollen, unter anderem die Zahl der Personen, die internationalen Schutz benötigen, in bestimmten Drittstaaten, die allgemeinen Beziehungen der EU zu Drittstaaten sowie deren wirksame Zusammenarbeit im Bereich Asyl und Migration einschließlich der Weiterentwicklung ihres Asylsystems und der Zusammenarbeit bei der Bekämpfung der irregulären Migration sowie in den Bereichen Rückübernahme, Rückkehr und Rückführung.

Mit dem neuen EU-Neuansiedlungsrahmen werden zudem gemeinsame Standardverfahren für die Auswahl und Behandlung von Neuansiedlungskandidaten festgelegt. Der Neuansiedlungsrahmen enthält auch die gemeinsamen Zulassungskriterien für die Neuansiedlung in der EU im Rahmen der gezielten Neuansiedlungsprogramme der EU, die einheitlich festgelegten möglichen Gründe für den Ausschluss von Kandidaten und das Neuansiedlungsverfahren (ordentliches Verfahren oder Eilverfahren), das angewandt werden könnte.

Zur Unterstützung der Neuansiedlungsbemühungen der Mitgliedstaaten im Rahmen der gezielten EU-Programme stellt die Kommission für jede neu angesiedelte Person 10 000 EUR aus dem EU-Haushalt zur Verfügung. Die Mittel werden aus dem Asyl-, Migrations- und Integrationsfonds (AMIF) zugewiesen. Neuansiedlungen, die nicht durch den Neuansiedlungsrahmen der Union abgedeckt sind, werden nicht aus dem Unionshaushalt finanziert.

Gemäß den Protokollen zu den Verträgen können sich das Vereinigte Königreich und Irland an der Umsetzung der vorgeschlagenen Verordnung beteiligen, falls sie dies wünschen. Dänemark beteiligt sich nicht an der Annahme dieser Verordnung und ist weder durch sie gebunden noch zu ihrer Anwendung verpflichtet.

Am 13. Mai 2015 schlug die Europäische Kommission mit der Europäischen Migrationsagenda eine umfassende Strategie vor. Diese Agenda bildet die Grundlage für die fortlaufende Arbeit der Kommission zur Bewältigung der unmittelbaren und langfristigen Herausforderungen einer wirksamen und umfassenden Steuerung der Migrationsströme. Ferner wurde in der Migrationsagenda dargelegt, warum ein gemeinsames Vorgehen erforderlich ist, um schutzbedürftigen Vertriebenen Schutz durch Neuansiedlung zu gewähren.

Am 8. Juni 2015 veröffentlichte die Europäische Kommission eine Empfehlung für eine europäische Neuansiedlungsregelung. In den anschließenden Schlussfolgerungen der im Rat vereinigten Vertreter der Regierungen der Mitgliedstaaten vom 20. Juli 2015 wurde beschlossen, durch multilaterale und nationale Regelungen 22 504 Personen, die eindeutig internationalen Schutz benötigen, neu anzusiedeln.

Am 15. Dezember 2015 veröffentlichte die Kommission eine Empfehlung für eine Regelung betreffend die Türkei über die freiwillige Aufnahme aus humanitären Gründen. Gemäß der Erklärung EU-Türkei vom 18. März 2016 wird eine Regelung über die freiwillige Aufnahme aus humanitären Gründen in Kraft treten, sobald die irregulären Grenzübertritte zwischen der Türkei und der EU enden oder zumindest ihre Zahl erheblich und nachhaltig zurückgegangen ist.

Am 6. April 2016 veröffentlichte die Europäische Kommission eine Mitteilung, mit der eine Reform des Gemeinsamen Europäischen Asylsystems und die Einrichtung eines strukturierten Systems für die Neuansiedlung angestoßen wurden, mit dem die Politik der Union im Bereich der Neuansiedlung ausgestaltet wird und das einen gemeinsamen Ansatz für sichere und legale Wege in die EU für Personen, die internationalen Schutz benötigen, bietet.

Im Anschluss an diese Mitteilung legte die Kommission am 4. Mai 2016 ein erstes Reformpaket vor. Dieses Paket enthielt Vorschläge für die Schaffung eines nachhaltigen und gerechten Dublin-Systems, für eine Stärkung des Eurodac-Systems und für die Schaffung einer echten Asylagentur der Europäischen Union.

Die Kommission erstattet regelmäßig über die bei den Neuansiedlungen erzielten Fortschritte Bericht. Der erste Bericht über die Umsiedlungs- und Neuansiedlungsmaßnahmen wurde am 16. März angenommen. Der zweite, der dritte und der vierte Bericht wurden am 12. April, 18. Mai und 15. Juni angenommen. Der fünfte Bericht über die Umsiedlungs- und Neuansiedlungsmaßnahmen wurde heute angenommen.

Weitere Informationen

Häufig gestellte Fragen: Schaffung eines EU-Neuansiedlungsrahmens:

- Verordnung über die Schaffung eines Neuansiedlungsrahmens der Union und zur Änderung der Verordnung (EU) Nr. 516/2014 des Europäischen Parlaments und des Rates
- Pressemitteilung: Vollendung der Reform des Gemeinsamen Europäischen Asylsystems: eine effiziente, faire und humane Asylpolitik

Häufig gestellte Fragen: Reform des Gemeinsamen Europäischen Asylsystems

- FACTSHEET – Asylverfahren: Reform des Gemeinsamen Europäischen Asylsystems
- FACTSHEET – Qualifikation: Reform des Gemeinsamen Europäischen Asylsystems

- FACTSHEET – Aufnahmebedingungen: Reform des Gemeinsamen Europäischen Asylsystems

- FACTSHEET – Das Gemeinsame Europäische Asylsystem

- Pressemitteilung: Umsiedlung und Neuansiedlung: Positiver Trend setzt sich fort, aber mehr Anstrengungen benötigt

- Pressemitteilung: Kommission stellt neuen Migrationspartnerschaftsrahmen vor: Zusammenarbeit mit Drittländern verstärken, um Migration besser zu steuern

- Pressemitteilung: Eine faire und nachhaltige gemeinsame Asylpolitik verwirklichen

- Pressemitteilung: Erneuerung des Gemeinsamen Europäischen Asylsystems und Schaffung sicherer und legaler Wege nach Europa: EU-Kommission stellt Reformoptionen vor

- Schlussfolgerungen des Rates zur Neuansiedlung von 20 000 Personen, die internationalen Schutz benötigen

- Pressemitteilung: Vereinbarung mit der Türkei über die freiwillige Aufnahme syrischer Flüchtlinge aus humanitären Gründen

- Empfehlung der Kommission für eine Regelung über die freiwillige humanitäre Aufnahme syrischer Flüchtlinge aus der Türkei. Erklärung EU-Türkei vom 18. März 2016

- Vorschlag für einen Beschluss des Rates zur Änderung des Beschlusses (EU) 2015/1601 des Rates vom 22. September 2015 zur Einführung von vorläufigen Maßnahmen im Bereich des internationalen Schutzes zugunsten von Italien und Griechenland».

Soweit das Dokument von Matussek. Wie man sieht, sind hier Dinge unterwegs, von denen der Normalbürger überhaupt keine Kenntnis hat. Alle diese Dinge spielen sich im Rahmen einer formaldemokratischen Institution ab, haben mit demokratischer Meinungsbildung jedoch kaum noch etwas gemein. Vielmehr sind es Massnahmen, die auf strategische Pläne und Konzepte zurückgehen, die ein *Management* ausgearbeitet hat, das entfernt eine demokratische Legitimation besitzt – die besassen die Kaiser früherer Imperien in gewissem Sinne jedoch auch -, Massnahmen, die einer demokratischen Prüfung in Form einer Volksabstimmung nach eingehender, neutraler Information, wie es sie noch vor fünfzig Jahren überall gab, aber nicht standhalten würden.

Was hier anvisiert wird, ist nur allzu offensichtlich. Bei einem Unternehmen würde man den angestrebten Umbau im

Bereich Merger & Acquisition ansiedeln, die getroffenen Massnahmen hiessen Umstrukturierung und Regruppierung. Ziel und Zweck der Übung wären die Verbesserung der Marktchancen für das Gesamtunternehmen, schlankere Prozesse und eine höhere Synergienutzung. Endzweck ist natürlich die Zukunftstauglichkeit des Konstrukts auf dem globalisierten Markt und damit die Interessenwahrung der Eigentümer. Intern käme es zur Verunsicherung, zur Auflösung bewährter Teams und zur Neubildung von Abteilungen, also zu einem Stresstest für die Belegschaft, damit immer auch zu Abgängen und zu einem partiellen Verlust an Knowhow, die aufgefangen werden müssen. Das Management ist hier grundsätzlich immer zuversichtlich. Notfalls kauft man zusätzliches Knowhow ein, um die entstehenden Lücken zu schliessen.

«Die beinahe ein Jahrzehnt andauernden Studien des Harvard-Politologen Robert Putnam (Demokrat) an 26.200 Menschen in 40 amerikanischen Gemeinden ergab, je größer die ethnische Vielfalt in einer Gemeinde, desto größer der Verlust an sozialem Vertrauen.»[18] Diese Beobachtung wird man mit Sicherheit auch in der reorganisierten «Firma EU» machen. Sie gehört zu den kollateralen Schäden, über die das Management zunächst grosszügig hinwegsieht. Den Vertrauensverlust wird man später durch verschiedene Massnahmen bekämpfen, wie

----

[18] Cultural Revolution, Tweet, 25.04.2019

sie in diesem Büchlein zur Sprache kamen, namentlich durch Weltbildarbeit und Weltbildkontrolle, wozu nicht nur die Arbeit an der verwendeten Sprache, am geeigneten Framing, sondern auch die Förderung interkultureller Beziehungen gehören wird, worunter in erster Linie interkulturelle Familiengründungen zu verstehen wären.

Den realen Verlust an Sicherheit machen neue Marktfelder im Security-Bereich wett, bis hin zu Gated Communities und (ggf. bewaffneten) Begleitdiensten, mit der Möglichkeit der Steuerbefreiung.

In letzter Konsequenz reden wir hier also von Umbauten im gesellschaftlichen, politischen und wirtschaftlichen Bereich, die weit stärker modernen Managementtheorien folgen als demokratischen Traditionen, die sich hier als hinderlich herausstellen. Die reine Volksdemokratie, die solche Entwicklungen als ihr ureigenes Gebiet betrachtet, hat abgewirtschaftet, ist zu träge geworden, zu wertkonservativ und damit untauglich für rasche Antworten am Markt. Ihre smenokratische Lenkung ist unterwegs, befindet sich im Aufbau. Oberstes Ziel ist es, die Zufriedenheit der Gesellschaftskonsumenten, als welche man die Bürger nun vermehrt sieht, langfristig sicherzustellen und Spannungen zwischen den Bevölkerungen der Kontinente und Kulturen vorzeitig abzubauen, ehe sie zu Explosionen Anlass geben können.

Die innere Sicherheit kann nicht mehr vollumfänglich garantiert werden, dafür ist die äussere Sicherheit besser gewährleistet als bisher. Die nationalen Armeen befinden sich im Umbau im Hinblick auf eine transnationale Sicherheitstruppe mit angegliederten Grenzschutzkorps.

Wo geht diese aus alter Sicht doch recht zynische Reise hin? Fernziele sind der Weltstaat und die Etablierung einer Weltelite mit globalem Ressourcenzugriff. In diesen strategischen Plan gehört auch die Etablierung einer Klimabewegung, die zum Dauerpolitikum werden soll, um die Bevölkerung dazu anzuleiten, transnational, flächendeckend neue Verhaltens-, Mobilitäts- und Ernährungsgewohnheiten einüben zu lassen, wodurch die gemischten Populationen mit der Zeit eine gemeinsame, neue Kulturbasis finden sollen, welche die alten schrittweise ablöst. Die lokal verwurzelten Traditionen werden dabei aufgebrochen und auf den globalen Markt gebracht, wie Waren in die Supermärkte. Wo diese Lokalkultur produziert wird, spielt letztlich keine Rolle mehr. So kann zum Beispiel klassische Musik in China und ausschliesslich von Chinesen produziert werden, Literatur für den Normalhaushalt in Literaturfabriken in Kalifornien oder Israel, von Anfang an in hundert Sprachen übersetzt. Man kann sich jeden Kulturinhalt als ein solches Produkt vorstellen, das primär global verkauft wird und daher dieser Anforderung konzeptionell gerecht werden muss. Zu hoch entwickelte Produkte werden durch geglättete, vereinfachte ersetzt, zu Dauerhaftes wird vom Markt genommen und durch Kurzlebigeres und Zeitspezifischeres abgelöst. Auch die Paarungsgewohnheiten der Menschen werden zu Produkten, die andauernd besprochen, verglichen und bewertet werden. Was man heute noch Volkseigenschaften oder «Rassemerkmale» nennt, wird zu Produkteigenschaften des Individuums. Dasselbe wird mit Intelligenz und Gesundheit geschehen, die nicht mehr als das gesehen werden, was sie heute sind, sondern als veränderbare und technisch kompensierbare Eigenschaften einer gleichsam *bewirtschafteten* Person. Diese wird ihre Bewirtschaftung ultimativ verlangen, unter dem Hinweis auf die Menschenrechtlichkeit des Anspruchs auf entsprechenden Support.

Gelingt dieser Umbau der dispersen nationalen Welten zur Weltgesellschaft, und gerät nichts Schlimmes dazwischen, werden solche Verhältnisse in rund 50 Jahren globale Wirklichkeit sein. Ist das schlecht? Doch ist die eigentliche Frage eine andere: *Kann das gelingen?* Welche Kräfte stellen sich ihm in den Weg? Die Nazis? Nein, dazu ist es viel zu spät. In den Weg stellen wird sich diesem Prozess die Retheologisierung des Kulturdiskurses durch den Islam. Das halte ich für sicher. Dieser Diskurs wird immer mehr Energien auf sich ziehen und sie vom globalen Merger&Acquisition-Projekt ablösen.

Es tritt eine Kraft in Erscheinung, die in allem, was heute an Konzepten zugelassen wird und forciert werden soll, kategorisch ausgeklammert bleibt: die Macht der Veranlagung. Die Biologie des Menschen wird zurückschlagen. Die entwickelten

gesellschaftlichen und biotechnischen Kompensationstechno-
logien werden mit der Zeit aufgrund ihrer Mengenausweitung
so teuer, dass die Aufrechterhaltung der Weltgesellschaft auf
Niveau der Hochzivilisation am Ende zu kostspielig wird.
Dies wird auch der Zeitpunkt sein, an dem es zum Paradig-
menwechsel kommt, wo das säkulare Existenzmodell des Individuums durch das religiöse abgelöst wird. Unter dem Einfluss westlicher Geistestradition handelt es sich dann um ein
weiterentwickelt-islamisches Grundmodell.

Halten wir einen Augenblick inne. Fragen wir uns, welche Kräfte heute am Werk sind. Wer verstehen will, was läuft und was «werden will», braucht ein paar Begriffe und Konzepte, die er auf dem Markt nicht finden kann. Mit marxistischer Kritik erfasst man den Witz der Sache heute nicht mehr. Eine gescheite, konservative Kritik gibt es nicht, die dieses Gap schliessen könnte. Der unverschleierte Blick enthüllt dem, der sich nicht vom Dogmatismus unserer Epoche verzaubern lässt dies:

Die Smenokratie übernimmt

Smenokratie überspielt Demokratie. Mehrheiten sind keine einfachen Volksmehrheiten mehr. Es sind zunehmend Schwarmmehrheiten aus (transnational «normalisierten») Equalitygruppen. Freiheit wird neu definiert als eine qualifizierte im Schwarm. Identität wird zum Convenienceprodukt. Das Shopping hält in der Politik Einzug.

Ein neuer Prinzeps diktiert

Die Republik müsse «gerettet» werden, indem sie wieder — wie vor 2000 Jahren in Rom - dem Prinzipat unterworfen wird. Der zeitgenössische «Erste Bürger» ist unsichtbar, und er ist nackt. Er ist stets der «Andere» im fundamentalistisch zugespitzten Menschenrechtsraum. Ich selbst bin immer auch dieser «Andere». Der Apparat der Republik wird zur Palastbürokratie dieses neuen Prinzeps, der immer offener die Gesellschaft dirigiert.

Das Ende westlicher Intellektualität

Geister von Rang stehen seit 1945 «links», weil ihnen Hitler alles andere vergiftet hat. Sie lechzen heute nach einem fremden Unbewussten, um ihren inneren Satan loszuwerden. Das ödipale Endspiel. «De vrais intellectuels» findet man darunter jedoch nicht mehr. Es gibt nur noch Manichäer. Der müde und unkreativ gewordene westliche Geist übt sich unablässig in der Proskynese, in Erwartung seiner Ablösung. *Die* Chance für weit weniger rationale Gedanken aus nichtwestlicher Produktion.

Beginn der menschlichen Arbitrage

Wer eine andernorts billige Ware auf einen Markt bringt, wo sie rar ist und gebraucht wird, macht Arbitrage. Die gepushte globale Migration ist in Wirklichkeit eine riesenhafte Human Arbitrage. Die Ware Mensch (der «Sklave» Mensch) und ihr Endkunde übernehmen hierbei gar die Logistikkosten. Das gab es noch nie. Ein Markt der Sonderklasse. Die Trader: NGOs, Stiftungen, Vereine und die Terakapitalisten (multimilliardenschwere «Philanthropen»), in unheiliger Allianz mit Verbrechern, Schleppern, Sklaventreibern und Pornokraten.

Das Fracken der Kulturen

Das Verbot der semantischen Klassenbildung als das Allzweck-Frackingmittel in der Hand der zeitgenössischen Sophistik. Ein neuer Universalienstreit. Es gibt nur noch «Einzelnes». Smenokratische Leverage, um letztlich Equalitypolitik zu betreiben und alles «Gewachsene», Autochthone und das «mos maiorum» auszuheben. *Das* Tool der Nachkriegskritik im Westen. Alle alten Klassenkonzepte/Universalien (Volk, Kultur, Nation, Rasse, usw.) wurden inzwischen gefrackt, weltweit - ausser, bedeutsamerweise, jene in Bezug auf die Shoah und auf den Islam, wogegen massivster Widerstand erwüchse, sobald man es versuchte.

Das Imperium Humanum existiert schon

Die Nachkriegsdoktrin hat den Westen auf einen Monismus, den Menschenrechtsfundamentalismus verpflichtet. Das wirkt sich aber erst seit Ende des Kalten Krieges voll aus. Es entstand das Imperium Humanum mit globaler (hedonisch-erotisch motivierter) Kolosseumsgesellschaft. Panegalitär, panhumanitär, smenokratisch.

Das linke Reich

Es geht nur noch vordergründig um «Links» oder «Rechts». Es geht viel stärker um Smenokratie statt Demokratie, um Equality statt Liberty, um Kolosseums- statt Leistungsgesellschaft. Wieder wird das «Reich» benötigt, diesmal von «Links», als Konfigurationsraum für die Republik, die «gerettet» werden müsse. In Wahrheit zerstört man sie damit. Man bricht Einheiten auf und reassembliert global schwarmbasiert immer wieder neu.

Der Kapitalsozialismus

Bedingungsloses Grundeinkommen statt Unterscheidung zwischen Leistern und Bezügern. Ein Superhebel gegen «Rechts». Kapital wird zum Brennstoff. Es wird nicht mehr investiert, es wird erschaffen, um vernichtet zu werden: Man kauft künftig direkt die Zufriedenheit. Eine ganz neue Ökonomie bahnt sich an. Das Weltreich ohne traditionelle Kapital-Leistungs-Kopplung. Geld wird erfunden. Die Equalitygesellschaft, voll verwirklicht, ist der einzig mögliche Kommunismus, und er beruht auf Kapital. Die Herrschaft des «CapSoc» bricht an.

Der stille Tod des reinen Individuums

Das neue gesellschaftliche Atom ist der Schwarm (smenos). Es baut direkt auf die Sexualität. Sie wird noch zusätzlich gegendert, um ihr smenokratisches Leverage-Potenzial voll entfalten zu können. Gender erlöst das Individuum von seiner primären (lokal-kulturell-ethnischen) Verwurzelung in der «Pflicht» und verschafft ihm eine globalisierte, neue, bunte, volatile Verwandtschaft im «(Selbst-)Genuss». Es entspricht der Grundidee jeder Kolosseumsgesellschaft, die heute «Zivilgesellschaft» genannt wird, dass die basale Gruppenidentifikation eine hedonisch-erotische ist, keine «völkisch»-national-verpflichtende mehr wie in der (alten) Gesellschaft der traditionellen Republik. Das «reine» Individuum ist tot, dessen Partner ein Abstraktum (Staat, Volk, Nation, etc.) war. Jetzt paart sich das Individuum, um erst einmal zu sich selbst zu gelangen.

Allgemeine Richtung Gott

Im globalen Weltreich ist alles beisammen, damit das Säkulare durch eine einfache Konversion ins Religiöse gekippt werden kann: Fundamentalistische Menschenrechtlichkeit, politischer Spinozismus, eine smenokratisch reassemblierte Menschheit als Vorform der Civitas Dei/der globalen Umma, Prinzipatsrepublik. Es ist eine Titration. Der Umschlag kommt plötzlich und ist irreversibel auf Jahrhunderte hinaus.

Wer von all dem irritiert ist und fragt, was denn «gegen all dies» unternommen werden könne, widerspricht der Geschichte. Die Antwort ist: nichts. Gegen diese Kräfte kann man nichts unternehmen. Man kann nur mit ihnen etwas bewirken.

Wer heute erst «erwacht», wurde während seines gesamten «Nachkriegsschlafes» radikal betrogen durch die, die wachten. Das Ergebnis: Wer heute «gegen Nazis» optiert, ist zwar veraltet, er hat das Alter des Ödipus von Theben, tut aber, was «man tun muss». Wer «für Nazis» optiert, muss zwangsläufig den gesamten Geschichtsprozess aufhalten, umleiten, stoppen. Ein Ding der Unmöglichkeit. Es kann nur zu einem weiteren Grossverbrechen führen.

Nüchtern betrachtet haben die prominenten «Philanthropen» à la Soros, Sutherland und Co. recht. Der Weg führt in die Offene Gesellschaft. Doch worin sie sich irren: Sie erschaffen damit keine neue, bessere Welt und lindern keine Not. Im Gegenteil zerstören sie alles, was weltweit lokal je funktioniert hat. Sie multiplizieren die Not bis ins Exemplarische hinein. Denn - und das ist das Hindernis, das keiner in unserer Kultur je übersteigen kann - nicht nur die Shoa ist ein Fluch der Geschichte, auch die Überwindung des Faschismus, so notwendig sie war und ist, wirkt in der Tiefe als ein Fluch. Zwischen jener Skilla und dieser Charybdis gibt es nur radikale Auflösung. Es gibt keinen «Konservativismus mit Mass», der selbst kein Faschismus sein möchte, der mehr sein könnte, als eine schwache Bremse bei rasender Fahrt.

Die Auflösung aller gewachsenen Struktur weltweit läuft auf Hochtouren. Die Herrschaft der europäischen Flüche der Geschichte kann erst ein radikal fremdes Schicksal brechen, und ich fürchte, es wird ein islamisches sein. Ein neues finsteres Zeitalter wird die «Lösung» bringen – wie schon einmal, als die Christen die heidnische Antike und deren Probleme «gelöst» hatten.

Mein Bedauern und Gedenken gelten der alten Republik, der alten Kultur, dem alten Menschen – und der alten Freiheit. Sie gehen jetzt zu Ende. Sie waren grossartig. Doch ist ihre Zeit vorüber. Die Flüche des Zwanzigsten Jahrhunderts holen sich jetzt ihr letztes Opfer: *uns alle*. Wir stehen an einem offenen Grab und liegen selbst darin.

Eigentlich, das ist das Schrecklichste, ist das der Sieg Hitlers, der Sieg über uns alle, der Endsieg. Um die Tiefe der Tragödie des Zwanzigsten Jahrhunderts auszuloten, wird man Jahrtausende brauchen.

Fassen wir zusammen, was wir erkannt haben. Es gibt ein Prinzip, das hinter allem wirkt, was uns heute begegnet und politisch aufgezwungen wird, das Prinzip des menschenrechtlichen Fundamentalismus.

Was ist damit gemeint? Damit ist gemeint, dass es in einer Auseinandersetzung – gleichgültig welcher – immer möglich und damit immer auch geboten ist, Regress zu nehmen auf das Menschenrecht. Jeder politische und jeder rechtliche Streit enden beim Menschenrecht. Und dort stellen wir dann fest, dass es neben dem Menschen kein vergleichbares Rechtsgut mehr gibt. Darum nennen wir es einen Fundamentalismus, der zugleich, philosophisch gesehen, ein Monismus ist.

Damit ist auch klar, warum wir von einem politischen Spinozismus sprechen.

Doch endet unsere Untersuchung nicht an diesem Punkt. Das Menschenrecht ist nun nämlich kein Recht «des Menschen» vor allem anderen. Es war von Anfang an konzipiert als das Recht des partikularen Einzelnen vor allen anderen, menschenbezogenen Rechten und Pflichten in einer Gemeinschaft. Mit ihm sollte sichergestellt werden, dass eine menschliche Gesellschaft nichts beschliessen und umsetzen kann, was dem Recht des Einzelnen auf die ihm zugesicherten Einzelrechte zuwiderläuft.

*Das fundamentalistische (monistisch verstandene) Menschenrecht da-
gegen geht weit darüber hinaus. Es stellt den partikularen Einzelnen vor
alle anderen Onta und damit gegen andere, mögliche Rechtsgegenstände.*
Das heisst. Wenn es darum ginge, die Menschenrechte eines
Einzelnen zu schützen, müssten selbst Zerstörungen an und
in der Kultur in Kauf genommen werden. Dieser Einzelne
geht vor alle anderen seienden Dinge. Solches war ursprüng-
lich mit dem Menschenrecht nicht mitgedacht, weil es der Vernunft widersprach, die in der Aufklärung ebenso Gegenständ
der Bemühung war wie das Menschenrecht. Heute nun wird
selbst die Vernunft unterworfen.

Beispiel: Es sei natürlich bedauerlich, dass die Notre-
Dame von Paris (April 2019) brennt: «'Doch so viel politische
Anteilnahme würde ich mir wünschen, wenn das nächste Mal
wieder Menschen im Mittelmeer ertrinken…Aber eine alte
Kirche in Paris ist einen dann wohl doch näher', stellt Jonas B.
in fast perfektem Deutsch fest. Und Dr. Yin Yue hat den kom-
pletten Durchblick: 'Notre Dame ist ein weiteres Beispiel dafür, wie panisch Weiße werden, wenn Dinge sich verändern'».[19]

Unsere Zeit zeichnet sich dadurch aus, dass sie die Vernunft abgeschafft hat, um das Menschenrecht zu fundamen-
talisieren. Doch was steckt dahinter? Einfach ein Wille zur

---

[19] FB und Twitter, 16.04.2019

grösstmöglichen, dialektischen Zuspitzung? Einerseits im Marxismus ja, andererseits aber auch nicht, weil der althergebrachte, reine Marxismus das fundamentalistische Menschenrecht auch verletzt.

Dahinter steckt das Skandalon unserer Weltzeit, die Shoa. Worin besteht ihre argumentative Essenz? Die Shoa ist die Möglichkeit, jede Diskussion über einen möglichen oder tatsächlichen Gegenstand oder einen Wert aushebeln zu können mit dem Hinweis darauf, dass es bei einer Relativierung des fundamentalistisch auf die gesamte Welt angewandten Menschenrechts, als des Rechts des partikularen Einzelnen, auf eine Wiederholung der Shoa hinauslaufen könne. Zugleich sei eine solche Erörterung eine Verhöhnung der Opfer des Nationalsozialismus.

Die Shoa demonstriert, was passiert, wenn man das Recht des partikularen Einzelnen auch nur um ein Jota relativiert. Dann nämlich wird es möglich, das Recht des Einzelnen gegen das Recht von etwas anderem abzuwägen. Sobald wir das aber zulassen, können wir uns vor einer erneuten Shoa nicht mehr in Sicherheit bringen.

Daher gilt nun, seit 1945, voll und ganz enthüllt jedoch erst seit 1989, seit dem Ende des Kalten Krieges, dass es in der westlichen Kultur unserer Weltzeit ein einziges, höchstes Rechtsgut gibt, den partikularen Einzelnen, den Einzelnen, der einen Eigennamen trägt, und dass dieses Rechtsgut alle anderen Güter aussticht, wenn es zu einer Erwägung kommt.

Das bedeutet – was man sich nie genug klarmacht – dass im heutigen Menschenrecht die Instanz vor das Konzept geht, beziehungsweise vor ihr Objekt. Das heisst, übertragen auf ein Beispiel aus der Lebenswelt, dass dein Küchentisch vor das Konzept Tisch geht, und dass bei einer Auseinandersetzung über Tische stets jener Tisch geschützt werden muss, um den es konkret geht, nicht «der Tisch» als solcher. Kein Tisch kann somit einen anderen Tisch vertreten. Darum muss man das Menschenrecht sehen als das Recht dessen, der konkret im Brennpunkt der Aufmerksamkeit steht, und zwar immer jenes konkreten Menschen, der von all seinen Attributen befreit ist, der splitternackt dasteht, der nichts besitzt, keinerlei Gesundheit hat und sich im Prinzip unmittelbar vor dem Tode erfährt. *Dieser Mensch ist der allerkonkreteste, und um den geht es.*

Wie man an solchen Beispielen unschwer erkennen kann, kann eine Gesellschaft, die sich diesem so verstandenen Monismus unterzieht, so lange Attribute pflegen, die sich oberhalb des Niveaus des splitternackten Einzelnen, der auf den Tod krank ist befinden, *als niemand dagegen klagt.* Um es mit aller Brutalität auf den Punkt zu bringen: Eine Gesellschaft, eine Kultur, eine bestimmte Politik, ein bestimmtes Land, eine bestimmte Klasse – all das existiert nur solange, *als niemand dagegen klagt.* Und wer dagegen klagt, bei dem rutscht der Mauszeiger ins stets Grundlegendere, bis er beim konkreten, nackten Einzelnen zum Stehen kommt, und das ist in der gegenwärtigen Verkleidung der «Flüchtling».

Was bedeutet das für die Politik? Es bedeutet, dass alle Programmpunkte einer jeden Partei oder Gruppierung unabgesichert sind und nur solange vertreten werden können, als niemand einen Weg findet, sie vor das Menschenrechtstribunal zu ziehen. Es sind Vorläufigkeiten, jede Politik wird zum Provisorium. Jede Politik kann und muss jede ihrer Positionen verlassen, *sobald gegen sie geklagt wird*. Damit ist klar, dass Politik heute nur noch Spiel sein kann. Das Spiel kann jederzeit abgebrochen werden. Wollte man es irgendwie verankern, wie das früher der Fall war, in bestimmten Werten oder Traditionen, baute man damit auf Flugsand.

Man erkennt unschwer, wenn man gewitzt ist, dass alle unsere Politikerinnen und Politiker tiefgreifend degradiert sind. Sie sind kastriert. Durch wen? Hier kommt nun die so schwierig nachzuvollziehende Überlegung ins Spiel, mit dem ich ans augusteische Konzept des *Prinzipats* anknüpfe.

Die Herrschaft ist übergegangen an jenen nackten Einzelnen, von dem die Rede war, der stets «stand-by» ist, dessen Recht stets eingeklagt werden kann, und der sich dann als der Kaiser zeigt, der er in Wahrheit bereits seit 1945 ist. Ich sage diesem Kaisertum *Prinzipat*. Der nackte Einzelne ist der «Erhabene» (Augustus). Dagegen sind die realen Politikerinnen und Politiker verkappte Höflinge, wie jene Senatoren Roms, die nach dem Sieg Octavians noch eine Zeit lang glaubten, souverän zu sein, es aber nicht mehr waren.

Und darum sage ich, dass unsere Demokratie eine «gerettete» sei (eine *res publica restituta*), eine aus den Umgarnungen durch den Faschismus gerettete, dass aber eben diese Form der Demokratie bereits keine Demokratie mehr ist, wie man jetzt erfasst haben möge. Sie ist bereits Diktatur. Die ganze Politik, die wir seit 1945 - und erst recht seit 1989 - erleben, besteht darin, diesen Umstand immer stärker ins Licht zu rücken.

Unsere Freiheiten gehen nicht wegen Google, Apple, Facebook und Amazon vor die Hunde, sondern wegen der spezifischen Art, wie über den Faschismus gesiegt worden ist. Nicht die Terakonzerne der Social Media sind die Schuldigen, die nur umsetzen, was politisch und gesellschaftlich vor dem fundamentalisierten Menschenrecht möglich war und ist, sondern die Politik der Sieger über Hitler ist die Schuldige. Diese Politik hat mit der Deklaration der Menschenrechte durch die UNO und mit der Entwicklung der UNO seither, mit der Überwindung real existierender Sozialismen am Ende des Kalten Krieges, die Hindernisse aus dem Weg geräumt, um zu einer Politik des nackten Einzelnen übergehen zu können. Der Zeitpunkt war gekommen, als 2015 die Schleusen geöffnet wurden und das *Imperium Humanum* seinen Anfang nahm.

Unschwer erkennt man jetzt das Problem, das heute jede wirkliche Opposition hat. Wer auf dem Boden des Menschenrechts argumentiert, kann *keine Opposition* behaupten, denn er oder sie ist vor dem Menschenrecht einklagbar und unterliegt dort in allen Punkten der Dekonstruktion bis auf das Recht des konkreten Einzelmenschen, der immer in letzter Instanz der «Flüchtling» ist.

Eine wirkliche Opposition muss das fundamentalistische Menschenrecht über Bord werfen, oder sie ist zum Untergang verdammt. Und wenn sie das tut, muss sie das historische Faktum der Shoa von ihrer ethisch-singulären Funktion im Menschenrecht trennen. Wenn sie das verfehlt, funktioniert sie nicht, das heisst, sie lebt, solange niemand sie fundamental genug anklagt.

Man sieht, dass die Angst der heutigen Politik vor einer Rückkehr des Faschismus, genauer: des Nationalsozialismus ihre Berechtigung hat. Es ist zweifellos so, dass nur der Standpunkt eines zurückkehrenden Faschismus der herrschenden Prinzipatsrepublik gefährlich werden kann. Tritt erneut ein Faschismus auf, der zu Recht ein solcher genannt wird – bis heute gilt ja jeder als Nazi, der irgendeine Art von Kritik an der Prinzipatsrepublik äussert – wird man den Unterschied sofort spüren. Man wird merken, wie sich eine Politik anfühlt, die den Ring der Macht *nicht* trägt.

Tolkiens Metapher vom Ring der Macht ist durchaus angebracht. Das mit der Shoa gleichsam kurzgeschlossene, positivistisch zugespitzte Menschenrecht ist dieser «Ring» am Finger eines jeden, der die Tiefe der Problematik wirklich versteht. Ohne die Shoa ist das Menschenrecht zwar auch omnipotent, schlösse jedoch eine Rückkehr des Faschismus nicht unbedingt aus. Denn man könnte gegen dieses Menschenrecht

immer noch philosophisch argumentieren, und man müsste
konzedieren, dass das Menschenrecht in der nun herrschenden Form etwas Arbiträres hat. Mit der Shoa hingegen ist jedes
solches Argumentieren obsolet, weil es nicht sicherzustellen
vermag, dass keine solchen Verbrechen mehr möglich sind.
Die Shoa an die ihr zugedachte Stelle zu rücken, bedeutet immer auch, ein für alle Mal jede Höherstellung irgendeines Prin-
zips über den Einzelnen zu verdammen, und damit auch jede
philosophische Diskussion und Möglichkeit auszuschliessen.

Damit ist der heutige Ring der Macht eine getreue Wiederholung des christlichen Rings. Dort ging es um den konkreten
Einzelnen, jedoch nicht um dessen Leiblichkeit, sondern um
dessen Seele, und jedes Gegenargument galt als teuflisch, weil
es einen Keil zwischen Gott und das Subjekt trieb. Es galt als
Häresie, als Gotteslästerung und als Rückfall in den Aberglau-
ben des Heidentums. In der Aufklärung ist dann genau das zur
Wirklichkeit geworden. Nur dank der letzten zweihundert
Jahre aufgeklärter, nichtmonistischer Weltanschauung konnte
sich die moderne Zivilisation entwickeln, als ein Remake der
antiken, heidnischen. Doch jetzt kommt das Mittelalter zurück
und bedient sich im Reich des Leiblichen der Shoa als des Sa-
tanischen, das sich zwischen den Einzelnen und sein Recht
immer wieder zu stellen versucht.

Darum sagen wir, dass das heraufziehende Zeitalter einen
Rückfall in die fundamentalistisch-christliche Epoche dar-
stelle, welche Europa seit dem Niedergang der Antike bis zur

Aufklärung im Griff hatte. Diesmal jedoch ist es keine christliche, sondern eine säkulare, eine leibliche Diktatur, die denselben Ring der Macht trägt und darum unbesiegbar ist. Vor dem Niedergang der Antike gab es in Europa nie eine solche Verhaftung. Das alte Heidentum war frei von jedem Monismus, war ein Pluralismus.

Wir haben in meinen anderen Texten auseinandergesetzt, dass der Sieg des Christentums nur möglich war dank der Vorarbeit, die dafür vom Prinzipat des Augustus geleistet worden ist. Der Prinzipat und die damit verbundene Relativierung der Republik waren die Blaupause für die Übernahme der gesamten Alten Welt durch eine Transposition ins Egotheistische, was die frühen Christen bewerkstelligten.

Heute stellt der monistisch-fundamentalistische Menschenrechtsstaat eine Blaupause zur Verfügung für den Islam, der nun, unter radikaler Ausnutzung der menschenrechtlichen Lage, leiblich und ideell in den Westen einströmt. Das Drama der antiken Zivilisation steht damit wieder auf dem Plan, das Ende ist bereits absehbar.

Der angestrebte Weltstaat mit der heteronormen Superkultur nach Beseitigung jeglicher Homogenität auf Ebene von Kultur oder «Volk», wird zwangsläufig erst mit durchgeführter Islamisierung ganz entstehen. Der Islam wird jene Religion sein, dem diese Vorarbeiten in den Schoss fallen. Das primitive Niveau des aktuellen Islams wird angehoben durch die

Massenkonversion, womit – genau wie beim antiken Christentum – all jene Geister dem neuen Glauben zugetrieben werden, die zuvor der säkularen Zivilisation dienlich waren, wodurch sich das geistige Niveau des Islams stark anheben wird. Genau das ist auch dem Christentum passiert. Solange die antike Geistigkeit *gegen* das Christentum war, pflegte dieses eine relativ primitive, orientalische Gedanklichkeit. Erst als sich das volle Potenzial jener Völker dem Christentum erschloss, die zuvor gegen es gekämpft hatten, rückte es in eine Position auf, die es ihm gestattete, den abgebrochenen antiken Diskurs in gewissem Sinne wiederaufzunehmen.

Damit aber hatte sich das Christentum auch den Keim des Heidnischen eingefangen, der fortan in ihm wirken sollte, bis das Heidentum sich in der Renaissance erstmals wieder im Licht manifestierte. Dasselbe wird dem Islam passieren, wenn er erst einmal die Potenz westlicher Gedanklichkeit und Schaffenskraft übernommen haben wird.

Wie man sieht, wiederholt sich heute etwas, von dem niemand gedacht hätte, dass es sich jemals wiederholen werde. Warum dachte man so? Weil man angefangen hatte, sich auf den Lorbeeren auszuruhen, angefangen hatte zu schlafen. Nur so war es möglich, dass das Unheil nach Europa zurückkehren konnte.

Denn es ist ein Unheil. Hier fangen wir an zu verstehen, wieso die Schrecklichkeit des Systems von Auschwitz zum Steigbügelhalter eines noch weit schrecklicheren und mächtigeren

Systems der Unterdrückung und Vernichtung werden konnte und musste, und dass es dazu des Sieges der Westmächte über den Nationalsozialismus bedurfte, als eines Sieges einer zu wenig tief schürfenden Geistigkeit, eines zu grossen Pragmatismus, einer zu oberflächlichen Gesellschaftlichkeit. Dadurch rückte der nackte Einzelne an die Stelle des Kaisers auf, und er wird später an die Stelle Gottes aufrücken, von der ihn dieser herabstösst.

Diesen Prozess konnte im antiken Rom niemand aufhalten oder umkrempeln. Wieso nicht? Die Gräuel des Bürgerkriegs sassen zu tief im Bewusstsein jener entscheidenden Generationen, die auf Actium folgten.

Doch dann geschah etwas, was jede Hoffnung auf eine Rückkehr zur wahren Republik zunichtemachte: Es wurde die *Kolosseumsgesellschaft* geschaffen. Der Römer wurde von seiner Wirklichkeit abgetrennt und einer ununterbrochenen Befriedigung seiner Triebe und Gelüste unterworfen, während die produktive Wirklichkeit der Macht an die Reichsperipherie entrückt war und schon bald an die Fremden überging.

Durch diese Kehre wurde es dem Römer unmöglich, selbst umzukehren. Dasselbe ist auch mit uns geschehen. Hier spielen Google, Facebook, Apple und Amazon eine entscheidende Rolle. Sie haben uns von der Unmittelbarkeit des Seins entfremdet und unterworfen, zunächst noch auf dem Niveau von Aristokraten, von Höflingen, schon bald aber auf einem viel tieferen Niveau, wenn sich die Maschine der ständigen

Einklage des fundamentalistischen Menschenrechts erst einmal voll in Bewegung gesetzt hat. Das geschieht seit einigen Jahren. Die wahren Machtinstanzen rund um den Prinzeps haben damit begonnen, das Menschenrecht alternativlos umzusetzen und betreiben einen Umsiedlungsplan, der alles ruinieren wird, was Hunderte früherer Generationen aufgebaut haben.

Wenn wir uns nun zum Schluss fragen, wie man diese Entwicklung aufhalten könnte, merken wir, wie schwierig diese Aufgabe ist. Sie gleicht der Aufgabe, die Frodo im Epos «Herr der Ringe» zugewiesen wurde. In der Tat geht es um nichts Geringeres als darum, den «Ring der Macht» am Ort seiner Entstehung zu vernichten.

Dieser Ort ist natürlich kein Ort in Mordor oder irgendwo auf dem Sinai, wo Moses Gott begegnet sein soll. Dieser Ort ist ein Ort in der Psyche des Menschen. Er hat fundamental mit dem Narzissmus zu tun.

Damit kehren wir zum Anfang zurück. Die Aufblähung des Selbst eines jeden von uns, bis hin zum Selbst, das die gesamte Welt umfasst, macht es möglich, dass Prozesse geführt werden, die das Recht und Interesse eines Einzelnen über jene selbst der höchstentwickelten Kulturen stellen. Und dass es Individuen gibt, die sich auf diese Weise in Opposition mit der gesamten Kultur stellen lassen, ohne schamrot anzulaufen und tot umzufallen.

Doch kann man den Narzissmus nicht frontal angehen, das stärkt ihn nur noch mehr, da er *ich-synton* ist. Im Umgang mit dem Narzissmus muss man mit einer Doppelstrategie operieren, mit Zuckerbrot und Peitsche, mit einem Ja und zugleich einem Nein, mit einer Bestätigung und zugleich einer darauf aufsetzenden Relativierung. Mit anderen Worten: Narzissmus kann nur mit seiner Hilfe gebrochen werden, und es muss sich für ihn lohnen, sich brechen zu lassen, das heisst, dass der Kampf gegen den Narzissmus nicht zu seiner Überwindung führt, sondern zu seiner Reifung.

«Sie heißen Ataman, Aydemir, Foroutan, Kiyak oder Yaghoobifarah. Sie betätigen sich als Aktivisten, Blogger, Journalisten, Kolumnisten und sogar als Wissenschaftler. Die großen Medien, Verlage, Podien stehen ihnen offen. Die Botschaft lautet: Seht her, hier formiert sich die neue intellektuelle Elite des neuen Deutschlands.»[20] So beginnt ein Artikel über einen Aufsatz von Fatma Aydemir *Das Ende des German Dream*.

«Aydemir beginnt mit der Schilderung einer Kränkung, die sie durch eine Mitbewerberin für ein Zeitungsvolontariat erfuhr. Die Konkurrentin bemerkte, es sei 'nicht gerade fair', dass 'Bewerber mit Migrationshintergrund bevorzugt' würden. Es bleibt offen, ob Aydemir sich gekränkt fühlte, weil das Prinzip der positiven Diskriminierung oder indirekt ihre Qualifikation angezweifelt wurde. Egal, sie kehrt das Ganze einfach um und führt die Bevorzugung auf tatsächliche Vorzüge zurück. Sie hätte damit zu tun, 'dass eine weitere weiße deutsche Volontärin nicht unbedingt einen Mehrwert bietet. Und vielleicht ist das Wort Migrantenbonus auch gar nicht so falsch. Nur dass es kein Bonus ist, den wir erhalten, sondern

---

[20] Hinz, T., Kampfansage an die Kartoffelkultur, Junge Freiheit, https://jungefreiheit.de/kultur/2019/kampfansage-an-die-kartof-felkultur, April 2019

einer, den wir vergeben: Vielleicht wissen aufmerksame Arbeitgeber_innen inzwischen einfach, dass sie von uns für das gleiche Geld mehr bekommen.'»

Der Autor kontrastiert dies zu Recht mit einem Beispiel gelungener Integration: «Mit der Bonus-Vergabe ist das so eine Sache. Kürzlich strahlte das öffentlich-rechtliche Fernsehen eine Reportage über Zellforschung, Elektronenmikroskopie und medizinische Diagnostik aus. Der interviewte Wissenschaftler war hochkompetent, wortgewandt, humorvoll und begeistert von seinem Forschungsfeld. Ein richtiger Sympathieträger. Die Tatsache, dass er einen türkischen Namen trug, interessierte niemanden. Und weder hatte man den Eindruck, dass er einen Migranten-Bonus vergab noch, dass er einen empfing. Sein Mehrwert lag in seiner Persönlichkeit begründet. Ein Blick in die Statistik zeigt freilich, dass sein Qualifikationsniveau in der entsprechenden Migranten-Population die Ausnahme ist.»

Aydemir jedoch hat einen ganz anderen Anspruch, auf den man erst einmal kommen muss, was eine durchaus pathologische Neigung zur narzisstischen Selbstüberschätzung voraussetzt: «'Ich will den Deutschen ihre Arbeit wegnehmen. Ich will nicht die Jobs, die für mich vorgesehen sind, sondern die, die sie für sich reservieren wollen – mit der gleichen Bezahlung, den gleichen Konditionen und den gleichen Aufstiegschancen. Mein German Dream ist, dass wir uns alle endlich das nehmen können, was uns zusteht – und zwar ohne, dass wir daran zugrunde gehen.'»

Die Haltung, die Aydemir hier durchblicken lässt, ist die einer Eroberin, eines Usurpators, der sich nimmt, was er erobert hat. Freilich will sie daran nicht «zugrunde gehen», was bedeutet, dass für den Fall, dass die Übernahme zu Mühen oder zum Versagen führen sollte, jemand anderes – eine «Kartoffel» – zur Differenzbegleichung anzutreten habe.

«Inhaltlich handelt es sich um Müll. Denn die Basisbehauptung, auf der sie ihre Argumentation aufbaut, lautet, die Deutschen hätten ab den 1960er Jahren vorwiegend Minigolf gespielt, während die Gastarbeiter aus Südeuropa, Nordafrika und der Türkei für sie den Wohlstand generierten. Über solche Thesen lässt sich nicht sinnvoll diskutieren, so dumm und substanzlos sind sie. Was Aydemir für sich verlangt, ist die leistungslose Beförderung. (…) Fatma Aydemir (…) verharrt in der infantilen Trotzphase, verwechselt Ressentiment mit Erkenntnis und stört den Musikunterricht. Sie hat damit sogar Erfolg, heimst Preise und Stipendien ein und den Aufenthalt in der Villa Aurora in Los Angeles. Was damit zu tun hat, dass bestimmte Minderheiten sich grundsätzlich auf einen Opferstatus berufen können. Nicht die eigenen Leistungen sind ungenügend, vielmehr sind die alten Standards unzumutbar, weil weiß, xenophob, eurozentristisch – 'rassistisch' eben. Diese Entwicklung korrespondiert mit einem von links-egalitaristischen Kräften forcierten Bildungsverfall in Deutschland. So findet man sich zusammen auf dem Niveau eines geistigen Lumpenproletariats. Unterdessen entstehen neue Konfliktlinien. Eribon, ein Linker (…)[den der Autor des Artikels als Gegenbeispiel zitiert hat], geniert sich für seine xenophobe Familie und hält am Dogma einer übergreifenden, die nationalen, religiösen, kulturellen Unterschiede transzendierenden und nivellierenden Klassensolidarität fest. Dem widerspricht die ausdrückliche Unterscheidung, die Aydemir zwischen sich und den 'weißen' Deutschen macht, und die Chuzpe, mit der sie aus ihrer 'nichtweißen' Identität das Recht ableitet, die 'weiße' als eine Art Beutegesellschaft zu betrachten. Ihre Mitstreiterin Hengameh Yaghoobifarah – eine orientalische 'Cindy aus Marzahn', der allerdings der Witz und die Selbstironie des pinkfarbenen Originals fehlt – äußert ihre Verachtung noch offener. Unter der Überschrift 'Deutsche schafft euch ab!' heißt es: 'Der deutsche Hass auf Muslim_innen und die Paranoia vor einer (…) Islamisierung der deutschen (wortwörtlich) Dreckskultur hält Kartoffeln davon ab, ein schöneres Leben zu führen.'»

Hier treffen wir wieder auf die altbekannte Kausalumkehr in der narzisstischen Weltwahrnehmung. Richtig ist: Deutsche – die Verallgemeinerung im Zitat ist an sich bereits ein Skandal - entwickelten erst einen Hass auf Muslime, als diese ihnen mehr als nur Anlass dazu gegeben hatten, als sie lange genug so aufgetreten waren, wie es die beiden zitierten Autorinnen hier offen tun, und nachdem der islamistische Terror das deutsche Alltagsleben massgeblich zu beeinflussen begonnen hatte.

Wer machte eine solche Entwicklung in Europa möglich? Denn sie wäre niemals eingetreten, hätte sie nicht Wegbereiter und Lakaien in Europa selbst gehabt. Um diese Frage zu beantworten, müssen wir uns nur umsehen, wer der dreisten Einschätzung der Lage durch Aydemir bei uns zustimmt. Es sind «Kartoffeln», die genau so denken wie die Migrantin. Ihre politische Heimat ist traditionell links, und ihr Credo heisst Umverteilung. Hier deckt sich das migrantische Anliegen mit dem sozialistischen in Europa und verstärkt die Position der Linken entscheidend. Doch gibt es auch einen Widerspruch. Denn die Linke braucht heute den Kapitalismus und damit die «Kartoffeln» als Leister und Zahler für das kapitalsozialistische Experiment, das längst gestartet wurde, während die Migranten, die denken wie Aydemir, hauptsächlich an den Früchten der «Kartoffel»-Arbeit interessiert sind und dadurch die Ökonomie der Leister und Zahler gefährden. Das wiederum kann die Linke nicht einfach hinnehmen, weshalb sie sich auch, allerdings halbherzig, gegen einen überdrehten Anspruch ausspricht, ähnlich wie die Mitte, und darum für die «Kartoffeln» wählbar bleibt. Doch verfestigt dies über den politischen Erfolg an der Wahlurne die Verbindung zwischen Linken und Migranten, eine Verbindung, die, weil nicht grundsätzlich in Frage gestellt, nun grundsätzlich angenommen ist.

Stur lächeln und winken, Männer!

«Skipper» von den «Pinguinen aus Madagaskar»

Wenn mich heute ein aufgewecktes Kind fragt, welchen Weg es beschreiten solle, angesichts dessen, was auf uns zukommt, von dem es kaum etwas begreift, sage ich ihm ohne gross zu überlegen, es möge seiner Intuition folgen. Wenn diese intakt ist, ist sie unbestechlich. Ist sie bereits gebrochen, kommt es nicht mehr darauf an, wohin die Reise dieses Kindes geht. Es wird weder jemals verstehen, noch glücklich werden können und immer ein Opfer sein. Das ist unendlich bedauerlich, doch nicht mehr zu ändern. Das Brechen seiner Intuition ist den Eltern anzulasten, vorrangig seiner Mutter, aber auch ideologisch verrannten Pädagogen und allerhand Meinungsgesocks, mit dem ein jeder Mensch Bekanntschaft macht, ob er will oder nicht, und das beginnt schon in der Kindheit.

Das Schlimmste, was man einem Kind antun kann, ist es mit «Meinungen» zu beimpfen. Kein Kind, kein Mensch braucht Meinungen. Was man braucht ist der offene, unverstellte Zugang zur Sache selbst. Nur von der Sache ist etwas zu holen, Meinungen hingegen sind leer.

Will das Kind noch genauere Anweisungen, als nur die, auf seine Intuition achtzugeben, würde ich ihm sagen, dass jede Hoffnung, so wunderbar sie auch scheinen möge, nur dann etwas bedeutet, wenn man in die Hoffnungsträger felsenfestes Vertrauen setzen kann, dass diese ihre Sache zu einem guten Ende führen *können*. Gebe es Zweifel daran, soll man nicht der Hoffnung folgen, sondern dem Zweifel. Ich werde das Kind dann direkt fragen: Glaubst du, dass die Menschheit ein Vorhaben zu einem guten Ende führen kann, bei dem alles verändert wird, was Bestand hat, die Völker, die Volkswirtschaften, die Länder, die Religion, das Finanzsystem, die Pädagogik, die Politik, das Alltagsleben und die Ernährung? Und noch einige Millionen andere Dinge? Glaubst du, dass dies innerhalb nützlicher Frist gelingen kann? Antwortet das Kind, dass dies ungewiss sei, aber gehofft werden müsse, werde ich ihm den Ratschlag geben, nicht möglichst viel, sondern möglichst wenig Hoffnung in das Vorhaben zu setzen. Ein Vorhaben von dieser Grösse, zu dessen Gelingen es der Hoffnung bedarf, ist nicht erfolgreich zu bewältigen. Es wird eine Ruine hinterlassen, diesmal eine, welche die halbe Welt unter sich bedeckt.

Wer jemals in seinem Leben als Projektleiter oder Manager gearbeitet hat, weiss bestens, dass schon sehr viel bescheidenere Vorhaben praktisch immer scheitern und Lösungen hinterlassen, die nur Teil der intendierten Lösung sein können, und dies erst noch anders als versucht, zu einem Preis, der um eine halbe bis eine ganze Grössenordnung höher liegt als veranschlagt. Greift heute «die Menschheit» das Grossprojekt der

Offenen Gesellschaft auf, mit allem Drum und Dran, allem, wozu es vorbereitend und flankierend bedarf, ist allergrösste Skepsis angebracht.

Es ist vollkommen egal, ob die Offene Gesellschaft etwas Gutes oder etwas Schlechtes ist, das Einzige, was zählt ist, dass «die Menschheit» niemals in der Lage ist, sie anders zu implementieren, als auf der Ruine der gesamten, bisherigen Welt, vor allem auf jenem Teil von ihr, der wirklich funktioniert. Das 1945 angelaufene, antiplatonische, jedoch ausgesprochen platonistische Projekt, initiiert durch Popper, muss scheitern. Aus ihm wird niemals hervorgehen, was versprochen wird. Und nicht, weil die Protagonisten uns alle täuschen würden, sondern weil sie alle völlig ausserstande sind, so etwas umzusetzen. Hier spielen Zauberlehrlinge mit dem Menschheitserfolg, mit dem Vermächtnis sämtlicher Vorfahren der Menschheit. Was treibt sie an? Das ewig Gleiche: Gier, Neid, Prunksucht, Wollust, Hochmut. Würden sie damit wirklich das Gute wollen, so würden sie zuerst jeden Menschen persönlich befragen: Was willst du? Technisch gehe das nicht, meinen sie, und also haben sie die Lösung parat und drücken sie dir aufs Auge. Und worin besteht sie? In deiner Unterwerfung. Wenn du schon nicht befragt werden kannst, so wirst du doch ganz sicher die Folgen tragen. Das Ergebnis wird, wie bei Platons Idealstaat, dasselbe sein: Unterdrückung und Tyrannei.

Liebes Kind, das einzige, was die Welt braucht, sind rechtschaffene, intuitionsmächtige, unbestechliche Herzen und kluge Köpfe. Solche wachsen nicht auf dem Boden irgendeiner Ideologie, irgendeines gesellschaftlichen Projekts. Sie wachsen nur gegen die Ideologie, gegen die Projekte, gegen die, die glauben, das Gute für alle zu wollen. Das Gute steckt in dir, mein Kind, und nirgendwo sonst. Das Gute steckt nicht im Helfen und Pflegen, sondern darin, wie dem Einzelnen oder wie der Gesellschaft geholfen wird, und da kann es sein, dass das Gute darin besteht, nicht zu helfen. Leider hat man dir, liebes Kind, einen christlichen Wahn der Güte eingepflanzt, der grenzenlos wirken will. Da muss ich dir leider sagen, dass am Ende dieses Weges deine letzte gute Tat die sein wird, deinen Mörder zu pflegen, ihm das Messer zu reinigen, es ihm in die Hand zu geben und deine Brust zu entblössen und schliesslich den Todesstoss zu empfangen. Es ist gar nicht anders möglich, als dass dieser Pfad hier endet.

Wahre Güte gibt jedem das Seine, dem lieben Menschen Liebe, dem bösen Menschen Bosheit. Doch ist der Zweite nicht der «Nazi» unserer Tage, die Karten sind heute ganz anders verteilt. Jeder bekommt so, was er anderen liefert, nur so ist jeder, was er ist. Nur das ist Respekt. Nur das ist Güte, mein Kind. Weichst du von ihr ab, wirst du am Ende die Zeche bezahlen, nachdem du eitel und hoffärtig um jeden Preis hast helfen wollen. Dieser heutige Helferkult, mein Kind, ist vom Teufel gestiftet worden. Er ist eine Ausgeburt der Eitelkeit und der Hoffart, nicht des Herzens. Lass dich nie dazu verführen, allen helfen zu wollen! Man wird dich beschwören, man wird dich umschmeicheln, man wird dich beschenken, wenn du diesem Teufel folgst. Um diesen Verlockungen widerstehen zu können, braucht es viel Kraft. Verschenke sie nicht leichtfertig!

In Bezug auf den Fortgang unserer Zivilisation rate ich dir, optiere immer für die kleinste Lösung, fürs Lokalste, was dir zur Wahl vorgelegt wird. Wenn du die Wahl hast zwischen einem Posten in Brüssel, einem Sessel aus Gold und einem Paar Schuhe, dann wähle die Schuhe. Ich gebe zu, das ist schwer, und es erscheint verrückt, doch ich weiss inzwischen, wie das Ding läuft. Wenn du die Wahl hast, entweder einem Mörder zu helfen, indem du irgendeine Machenschaft deckst, aufgrund derer er nicht geschnappt wird, oder einer Schnecke, die auf der Strasse kriecht, hilf der Schnecke, damit sie nicht überfahren wird. Wenn man dir erklärt, es gäbe nichts Besseres und Sichereres als die *Offene Gesellschaft*, so antworte: Mag sein. Aber ich habe zu tun. Mein Garten wartet. Das habe schon Voltaire geschrieben, meinst du? Ja, damit hast du Recht. Voltaire, der war ein vernünftiger Mann.

Doch können wir heute nicht mehr wie Candide vernünftig sein. Die Vernunft selbst ist abgeschafft und durch einen Fanatismus ersetzt worden, den wir erst jetzt voll und ganz zu erkennen vermögen. Der Westen forderte siebzig Jahre lang von sich selbst, von seinen Gegnern und Geschäftspartnern ein unbedingtes Bekenntnis zu den Menschenrechten. Für den Westler ist daran nichts Besonderes, es erscheint ihm logisch und letztlich unumgänglich. Das heisst, er erkennt nicht, worin er gefangen ist. Der Nichtwestler jedoch sieht es.

Das Bekenntnis zum Menschenrecht bedeutet zuzulassen, ja anzustreben, dass eine jede Politik über den Rechtsweg ausgehebelt werden kann. Unbeschränkt. Der Westler willigt in ein Rechtssystem ein, das ihn letztlich in den politischen Spinozismus zwingt, da es in diesem Umfeld nichts gibt, was die Stellung des nackten Einzelnen zu erschüttern vermöchte.

Das Recht löst — wie schon bei den späten Römern - die Politik ab. Für uns im Westen klingt das gut und richtig. Das ist jedoch das eigentliche Problem. Dass unsere Kultur nun zwangsläufig dem oder den Dreistesten in den Schoss fällt, ist die Folge davon. China beispielsweise sperrt sich gegen das Menschenrecht als Basis für sein System, weil es den Niedergang des Westens beobachtet und sieht, woran der Westen bald schon scheitern wird. Es will nicht in diesen Niedergang mit hineingerissen werden, sondern umgekehrt, diesen über seine neue Seidenstrasse immer entschiedener nutzen. Eine kluge und eiskalte Entscheidung. Und eine solche der Vernunft.

Die Bastionen, die der mesmerisierenden Wirkung des politischen Islam, der sich mit dem neomarxistischen Kapitalsozialismus verbündet, standhalten könnten, sind Russland und China, möglicherweise Japan. Der Westen hingegen ist bereits im Würgegriff. Er wehrt sich dagegen mit seiner NKD, doch ist sie die Ursache seiner Schwäche. Der Westen torpediert sich selbst, um einem immer stärker werdenden Gegner trotzen zu können, was vollkommen verrückt wäre, erkennte er in seiner arroganten Verblendung seine Lage! Doch kämpft er lieber gegen sich selbst, gegen den «inneren Nazi», um seine drohende Niederlage nicht mehr empfinden zu müssen, so etwa, wie die versklavte Frau, die ihr Hurenleben nur erträgt, wenn sie sich als Freiwillige, als Dienerin interpretiert und ihre erzwungene Hingabe als freimütige Schenkung ihrer selbst deklariert, sich damit maximal anästhesierend.

Die kategorische Hinwendung zum Menschen als solchem allein, unter Opferung, wenn es darauf ankommt, aller anderen Werte, halte ich für das Zivilisationsverbrechen schlechthin. In seiner Bilanz ist es der radikalste aller durchführbaren Genozide. Der Westen bereitet die Welt darauf vor und singt ununterbrochen Wiegenlieder.

Wer jedoch klug ist, bleibt davon innerlich unbetroffen und bereitet sich ungerührt darauf vor, den Eisberg zu verlassen, auf den die Titanic zusteuert.